U0821239

勤于工助于学　铸就青春梦想

“我们的勤工助学”征文选编

张　银　主编

中国农业大学出版社
·北京·

内 容 简 介

本书是基于中国农业大学党委学生工作部于2022年上半年在全校范围内开展的“我们的勤工助学”主题征文活动汇集的部分征文选编，其中既有管理工作人员对勤工助学政策和发挥勤工助学思想政治教育功能的实践与思考，也有各单位老师们在具体工作中对学生加强指导关爱的感悟与体会，更有同学们在勤工助学过程中的收获与成长。

本书可供学生资助工作人员特别是勤工助学管理者以及高校师生阅读。

图书在版编目(CIP)数据

勤于工助于学　铸就青春梦想:“我们的勤工助学”征文选编 / 张银主编. --北京:中国农业大学出版社,2022.12

ISBN 978-7-5655-2898-9

Ⅰ. ①勤…　Ⅱ. ①张…　Ⅲ. ①中国农业大学－勤工俭学－文集
Ⅳ. ①G649.281-53

中国国家版本馆CIP数据核字(2023)第007282号

书　　名　勤于工助于学　铸就青春梦想:“我们的勤工助学”征文选编
作　　者　张　银　主编

策划编辑　张苏明　张　玉　　**责任编辑**　陈颖颖
封面设计　郑　川
出版发行　中国农业大学出版社
社　　址　北京市海淀区圆明园西路2号　　**邮政编码**　100193
电　　话　发行部 010-62733489,1190　　读者服务部 010-62732336
　　　　　编辑部 010-62732617,2618　　出　版　部 010-62733440
网　　址　http://www.caupress.cn　　**E-mail** cbsszs@cau.edu.cn
经　　销　新华书店
印　　刷　涿州市星河印刷有限公司
版　　次　2023年2月第1版　　2023年2月第1次印刷
规　　格　170 mm×240 mm　　16开本　　10印张　　125千字
定　　价　39.00元

图书如有质量问题本社发行部负责调换

编写人员

主　编　张　银

副主编　吴金环

参　编　郑世明　杨　潇　赵　阳　沈其林

前言

习近平总书记在党的十九大报告中强调要"健全学生资助制度"，为学生资助工作指明了方向。中国农业大学历来高度重视学生资助工作，紧紧围绕立德树人根本任务，充分发挥学生资助的思想政治教育功能。勤工助学作为学生资助政策体系的重要组成部分，是提高学生综合素质和资助家庭经济困难学生的有效途径，是增强学生劳动意识、奋斗精神的实践平台。在校内各部门、各学院、各单位的支持配合下，党委学生工作部不断加强和规范学生勤工助学工作，促进勤工助学活动健康有序开展，发挥勤工助学育人功能，培育学生自立自强、创新创业精神，增强学生综合素质，培养德智体美劳全面发展的栋梁之材。

为了更好地展示学生在勤工助学过程中的收获与成长，充分发挥勤工助学的思想政治教育功能，党委学生工作部于2022年3月至5月在全校范围内开展了"我们的勤工助学"主题征文活动。活动得到全校师生的积极响应，大家踊跃投稿，他们中既有大一新生，也有毕业班学生，还有已经毕业的校友。这些文章朴实感人、情真意切，充分体现了我校教师践行立德树人根本任务、对学生加强指导关爱的师德风范，展现了同学们勤学好学、努力奋斗的精神风貌。我们从中撷取了部分文章汇编成书，谨以此书向党的二十大献礼！

中国农业大学党委学生工作部

2022年9月

目 录

Contents

教师篇

学生篇

后勤小生，感谢相遇

◈ 王毓甜

我与后勤小生团队的故事，缘起于2022年年初，短短几个月，就让我收获了太多太多。在后勤小生团队，我参与勤工助学，不仅亲身体会到农大全面、人性化的资助政策，也让我获得太多宝贵经历，感谢后勤小生团队的所有老师和伙伴们。

初来乍到，倍感亲切

我一直都是个闲不住的人，也因此才会在寒假留校时机缘巧合之下报名了后勤保障处的勤工助学岗位。初来乍到，一切都是新鲜的。我满怀忐忑，做好值班时的行政事务；我积极参与，协助西区师傅们开展核酸检测；我心满意足，忙碌让我充实且满怀成就感……来到后勤小生，办公室的老师会和蔼友善地互相问好，团长们耐心细致地指导日常工作，伙伴们会一起扛起相机和三脚架。你采访提问，我拍照记录——伙伴们奔着同一个目标共同努力，众人拾柴火焰高，怎能不让人为之激动？

团队合作的魅力、其乐融融的氛围、自我价值的实现，这一切都让初来乍到的我倍感亲切。虽然刚刚参与勤工助学，但是这不仅是一个岗位，更让我产生了极强的归属感。

得到肯定，育人育德

后勤小生的工作氛围很好，老师、团长对同学们加以肯定，身边的伙伴会互相鼓励，有了自信，做事自然事半功倍。

值得一提的是，我参与了对过年留校的后勤保障处师傅们的推送报道。我采访了西区的宿管杨阿姨，被阿姨的乐观从容和对学生的关怀深深感染；我采访了绿化的胡阿姨，平时遇到阿姨，她都会热情地关心问候我的近况；还有很久没有回家过年的食堂师傅们、一直坚守在岗位的浴室阿姨……每个人都平凡而伟大，为学校的正常运作做出贡献和努力。在和叔叔阿姨们的交流过程中，我收获到的不仅是共情和沟通能力的提升，更能了解到简单的文字背后，后勤员工们的动人故事和辛勤付出，从中得到的感触和成长是课业学习所不能带给我的。在勤工助学岗位磨炼的这段时间，我获得了弥足珍贵的经历和回忆。

让我惊喜的是，在这里努力认真会被看到，也会得到鼓励与肯定。当文老师询问我是否想留任轮值团长时，我惊喜又忐忑——惊喜的是老师对我的期待，忐忑的是担心我能否胜任。出乎意料，文老师循循善诱、谆谆教导，不仅打消了我的顾虑和不自信，让我“放开手大胆干”，还提出要让团队中不断保持新鲜血液的活力——后勤小生不仅开放包容，而且创新进取。也正是老师们前瞻、大胆的思路，后勤小生才能自上而下充满创新的火花，奔涌改革的浪潮，取得卓越的成果。在这里的每一刻，我都深受感染，从畏首畏尾到大胆实践，从拖延缓慢到主动积极，从胆怯逃避到迎难而上，这些改变都得益于农大优秀的勤工助学政策和后勤小生潜移默化的影响。

再接再厉，扬帆起航

与勤工助学的邂逅，使我倍感幸运；与后勤小生团队成员的并肩作战，使我进步良多；对资助政策的深入了解，使我深受其利……怎能不继续留下来发光发热？虽然我只是小小一份子，只是团队协作中的一个小小环节，但勤工助学带给我的成长和进步却是非常大的。

我想说，后勤小生，感谢相遇！未来，我将再接再厉，扬帆起航！

作者简介

王毓甜，女，动物科学技术学院动物科学专业203班学生

在动科楼安家

张千子

惊风飘白日，光景驰西流。不知不觉，在动科 167 当助管的日子也接近一年了，从最开始被叫去帮忙，到报名勤工助学岗位成为 167 的小助管之一，这一年来，除了宿舍和图书馆之外，我待的时间最久的地方就是动科楼了。

起初我对这个岗位的工作还有一些不熟练，在上班的过程中总是会出现一些小马虎，但是 167 的老师们并没有责怪我，反而很耐心地和我说“慢慢来，不要急”。也正是在她们的帮助下，我才重拾信心，对这份工作打起了十二分的精神。其实申请勤工助学岗位的原因除了缓解经济压力以外，也希望利用自己的空余时间学习和掌握相关知识和技巧。

我的工作主要是帮朝霞学姐

整理本科生教务的相关内容。上学期由于备考研究生，我在动科楼待的时间逐渐变少，工作量也比以往少了很多，这让我很不好意思，但朝霞学姐仍然和我说“以你的事为主，毕竟考研才是大事”。看似枯燥的工作，但因为和有趣且温柔的老师们在一起就显得不那么烦琐，甚至摆材料这种小事也让我觉得是考验自己的态度和细心程度。尤其在这学期没有早八点的课以后仍然需要早起去工作，这在无形之中让我的作息更加规律。可能有些人会觉得这些小事体现不出能力，但在我看来，每一次的积累都是为将来的学习和工作做铺垫。让我印象最深的一次工作是去年的教学评估检查，因为抽检的不确定性，我们需要随时去仓库找到对应的试卷及相关材料，那时我正忙着复习，但因为第二天早上就要将材料送到主楼，所以需要在前一晚准备好并核实确定无误。有一次我被朝霞学姐叫去仓库找试卷，虽然这是我的本职工作，但在叫我的时候她却显得很不好意思，这也让我更加坚定了自己认真工作的态度，因为有这样为学生着想的老师实属幸运。有人说“成功的第一步，就是要先存一颗感恩的心，时刻对自己的现状心存感激，同时也要对别人为你所做的一切怀有敬意和感激之心。”渐渐地，我和 167 的老师们关系逐渐亲近，即使有时去动科楼不是去工作，也会去 167 和她们打个招呼。我始终相信，人与人之间的双向选择最为珍贵，很荣幸能申请到这个勤工助学的岗位，也很荣幸能遇到这样温柔可爱的老师们，与其说她们是老师，我更愿称她们为朋友、姐姐、家人。

回忆这一年，虽忙碌却真实地开心着，因为有这样的一群朋友，我在这里真切地感受到家的温暖。勤工助学带给我的不仅仅是经济上的帮助，更多的是精神上的宝藏。

作者简介

张千子，女，动物科学技术学院动物科学专业 183 班学生

在 165 的日子

赵彬彬

实习种禽场的宿舍开了空调，把窗户外面的骄阳隔得远远的，实习结束的日子近了，还有开学的日子……

2021 年的暑假，橙白色的院网上更新了一则助管招聘通知，于是抱着去充实自己校园生活的目的，我投了简历，也在学期初如愿以偿得到了这个名额，我充满了对新工作的期待！

排出执勤表后，上工第一天，我怀着忐忑不安的心出发了——工作会不会太难自己胜任不了？办公室的老师会不会特别严肃不好相处？各种各样的设想和小念头从脑子里面冒出来，不知不觉踱到了 165 门前。我鼓起勇气，推门，抬头，用准备好的问候和办公室的各位老师打了招呼。

竟然很意外，办公室的老师其实都很年轻，是一群非常有趣又认真的人，有一位已经认识的温柔可靠的女老师，也有几位风趣幽默的男老师，我心里那点儿担心很快便打消了。

我每周都会有两个下午的时间段作为值班时间，对一个刚在大学待了一年的本科生来说，这样的工作环境无疑是非常新鲜的。

坐在助管办公桌前，每天面前走过的有熟人，也有新人，但都是学院里日后必然会经常见到的学长学姐与老师们。他们在学院都有着自己的角色，或者是班长，或者是导师，或者是学生干部。从这时起，我才真正开始认识学院，对于眼前这个优秀的集体感到自豪。

这是一份我很喜欢的工作，老师们总会非常照顾我这个毫无经验的助管，每个工作下午的三四个小时的时间，在喜欢的工作里让我觉得时间过得很快。

我有时拿着文件穿梭在东西校区的一栋又一栋楼间，认识了东区主楼与公三一间间长得差不多的办公室、动科楼负二层如藏宝密室一般的大仓库、像《深夜食堂》里那样放有手摇机械档案书架的档案室，还有总是经过却从来没有走近的几座小洋楼。朋友圈总说农大不大，其实我们都不知道这些角落里藏了太多有意思的小世界。

我有时是在办公室里完成一些工作，如拿着贺卡和礼物为院里的老师们准备一份份教师节的小心意，或握着笔抄写一张张神圣的选民票。在接下来的几天，当看见自己的字出现在身边伙伴的朋友圈里，我感到这些都很有意思。我们总想不到，当整个动科学院大大小小的文件、通知、活动大部分都来自这间不过六个办公桌的小空间时，它每天其实都妙趣横生。

坦白说，在这样一间办公室，我很喜欢这份无心插柳获得的勤工助学工作。里面的人和事，能带给我在课堂上难以得到的视野与成长，还有自己劳动获得报酬那一瞬间的成就感。

一个学期的勤工助学工作已告一段落，这段日子是我四年大学中很难忽略的一笔。最后，我要对这样一次绝对难忘的经历表达感谢，感谢农大与动科学院为我们所搭建的平台，感谢办公室中最最最可爱的辅导员们，他们让我能够站在不一样的视角看见我所身处的校园与我的大学生活。

作者简介

赵彬彬，男，动物科学技术学院动物科学技术专业204班学生

勤工助学，伴我同行

陈　爽

当勤工助学征文的推文映入眼帘之时，我心底蒙尘的记忆和那些泛黄的定格照片，瞬间又激荡起阵阵涟漪，浮现在眼前。

一直以来，父母不辞劳苦地奔波在外栉风沐雨，换我从小衣食无忧吃穿不愁。他们总说：自己在学校要舍得吃，钱的事不用你操心。是啊，在我牙牙学语蹒跚学步之时，父母便背井离乡，漂泊在外了。一漂，就是十几年。于是心里的那份心酸，越长大便越难以释怀……

一段难忘的兼职经历

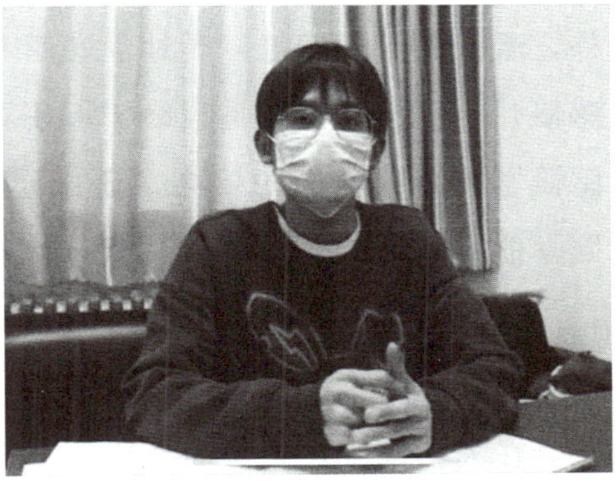

总想着自己能做些什么，报答他们的拳拳父母心、殷殷爱子情。

于是在十八周岁那年的暑假，我毅然决定找一份兼职，分担父母肩上的重担，哪怕只是一点点。人生的第一次总不会是一帆风顺的，但好在最后找到了一份快餐店的兼职——油锅师傅。时薪十几块的工资与一天十几小时的高温工作似乎并不匹配，但一想到能赚到人生中的第一笔工资，我所有的压力便化为动力。于是四十天里，这份早起的、晚归的、危险的、劳累的工作最终以五千元工资告终。这些钱除了给父母买了两部新手机、给姐姐买了一套化妆品，剩下的便都作为自己的大学学费。或许那段时间里机械的、无聊的细节早已模糊不清，但手上被油烫起的水泡成为一枚枚“勋章”，提醒我还有那样一段与众不同的经历。

勤工助学初接触

上了大学以后，保持着高中学习状态的我也轻松拿到了一些奖学金。于是我跟父母说：以后不用再给我生活费了，我可以自己养活自己了。事实确实如此，上次跟父母要生活费还是在 2020 年。但是一年的奖学金并不足以维持我一年的花销，于是我注意到了学院里发布的勤工助学岗位招募通知，并顺利进入学生教育管理办公室，协助老师管理本科生事务。或许是那段油锅师傅的兼职经历过于刻骨铭心，办公室的工作使我感慨世上竟还有如此好的勤工助学政策，时薪也高得“离谱”。在办公室，我平常最基本的工作就是值班，空闲之余望向窗外，看天上云卷云舒，看地上花落花开，心中惬意万分，也感慨万分。感慨什么呢？感慨的是我终于不用再依赖父母，可以自己养活自己了；感慨学校给同学们的机会，让普通同学在空闲时能有事可做，让困难同学能有一定的经济来源。

勤工助学再接触

在大三寒假，想着回家待二十来天还不如留校找份勤工助学“赚”

点生活费。于是我通过舍友，投递了报名表，最终成功来到档案馆工作。从一开始面对复杂烦琐的资料无从下手，到后来面对多个任务也能得心应手，这都是勤工助学经历为我所带来的。在工作过程中，我还认识了和蔼可亲的苏老师、认真负责的高老师，并学习到了许多 Excel 使用技能，了解了许多学校的历史，收获颇丰。

我想，无论是从前那份危险劳累的兼职经历，还是后来轻松愉快的勤工助学经历，都是我人生画卷上浓墨重彩的一笔。它们带给我的不仅是物质上的帮助，更多的是精神上的帮扶。如果说从前的我不谙世事，生活像一张白纸，那么在经历了这些以后，白纸上从此也有了画笔的勾勒，原本单调的生活也出现了色彩！

作者简介

陈爽，男，动物医学院动物医学专业 193 班学生

放在心里的心理中心

◈ 樊继萍

从大二开始进入心理中心做接线员，到现在临近毕业，我已经做了接近3年的接线员工作。开始的时候，我完全没有想到，在心理中心的工作能够成为自己大学生活中这么重要、这么珍贵的一部分。

初入心理中心

无意中看到勤工助学岗位的招募通知，我考虑到自己大二的时间相对于大一有些空闲，就想着做一些勤工助学工作。通过浏览学校各个部门各个岗位的信息，我看到了“心理中心”，想着自己在班级也担任了心理委员的职务，多少能为自己不够丰富的简历增添一分竞争力，就填报了这个岗位。工学院的课程比较多，空闲时间其实并不是非常充足，我把自己碎片化的一小时、两小时的时间仔细地填进了时间表，把自己能想到的所有与工作内容相关的经历都写进表格里，满怀期待地发送了报名表。

最后，一个小小的误会，把我带进了心理中心的工作中。因为我过于细化的时间填满了报名表上的时间栏，心理中心的老师以为我时间非常充足，就让我进入了面试，进而我得到了接线员的工作。在锻炼和学习了一段时间之后，感谢王老师的信任和体谅，我被安排在周末和非周末的晚上值班，能够让自己在不耽误学业的情况下，继续在心理中心工作。

融入心理中心

心理中心的工作环境实在是温暖而包容的。心理中心的每一位老师都会轻声细语地和大家交流，也不会因为我们在工作上的一些小失误对我们指责或者批评。在最初不知所措的新人阶段，老师们的温暖和包容给了我很大的成长动力和信心，让我的能力能够在自由的空间中得到提升。

面试时，王老师就告诉我，在中心的工作不仅锻炼我们完成各种任务的能力，还会让我们慢慢学会待人接物的方式方法，慢慢提高很多日常学习中无法获得的能力。做接线员的这几年里，我完完全全地切身体会到了王老师的话，在一次次电话的沟通之中，在一位位同学的接待之中，甚至是在一声声电话的嘟嘟声中，我都在慢慢成长。这是其他事情不能带给我的成长，和不同的人交流，面对不同的情况，学会思考怎样处理问题，学会思考怎么和别人相处。

来到心理中心的同学各有各的故事，虽然我不知道故事的全貌，但在接触之中也能体会到同学们的心情。每一个打进心理热线的人都怀着被救赎的希望，希望解决自己的烦恼，这让我不能不重视接线员这份工作。我害怕让来寻求帮助的同学感到无助，害怕电话中和面对面遇到的人走向绝望，害怕同学的希望落空，所以我尽力地完成接线员工作，尽力地帮助我遇到的每一位来到心理中心寻求帮助的同学。看着同学们一次次咨询后的变化，从沉默、伤感转变为自信、平和、开朗，我深深地觉得自己在做一件很小却很有意义的工作。

心理中心的温暖，具体来说，是王老师的小零食，是宇琦老师的耐心，是周老师的温柔，是宋老师的拥抱，是祁老师的“樊樊烦”，是施老师的“姑娘”……总体来说，是心理中心所有人对每一位学生的关心、包容和爱。感谢和心理中心在大学的相遇，感谢让我放在心里的心理中心。

作者简介

樊继萍，女，工学院车辆工程专业 181 班学生

勤学花开

◈ 廖岑英

大一上始知，种子心中藏

大一，带着一丝懵懂、迷茫与憧憬，在那个热烈的盛夏，我从湿冷的绿意盎然的南方小城出发，跨越南北，来到了干燥的北方，来到了中国农业大学。刚开始，我忙忙碌碌，带着新鲜与好奇，在学校各种活动与学业中来回奔走。等适应下来，平静过来，我才知道有“勤工助学”的项目，而当我去浏览有关的推送内容时，才发现此时各个项目的招聘都已经结束了。虽然大一上学期，我未能参加任何的勤工助学岗位，但这颗种子却已藏于我心中，只待那合适的时机，便会冲破

心房，蓬勃生长。

大一下发芽，花儿默默长

大一下学期开始，我就密切关注学校勤工助学的有关消息。班级群里，老师也会转发相关推送信息。在勤工助学岗位开始招募时，我认真浏览了各岗位的工作内容、时间以及工作地点，结合自己的能力，在一番考虑过后，仔细填写报名表，并向相关负责老师发送了邮件。发送邮件后的几天，看着其他同学都陆续收到回复，我的却杳无音讯，心里有小小的失落。就在这失落之时，我接到了电话，老师让我过去当面聊一聊。怀着激动和紧张的心情，我和老师见了面并聊了一会儿，确定了工作时间和地点。第一次见面时，老师们的热情和细心缓解了我的紧张。终于，勤工助学在我这儿变成了现实，心中的种子真的发芽了！

碎碎数时光，勤学花盛放

就这样，我开始了自己的勤工助学工作。我的工作岗位是就业派遣助理，第一天工作，李老师非常细致地给我们进行培训，告诉我们各种操作，循循善诱，一步一步慢慢地教我们。在老师的教导下，我开始实际操作。刚开始操作不太熟练，对系统也不熟悉，我不时地询问老师。就在这样的操作与询问中，我逐渐掌握了操作方法。因为那时还没进入毕业季，我的工作任务还是轻松的。除了系统审核这项主要工作外，我还有接听电话的任务。第一次接电话，我很紧张，不过在老师的帮助下，我解决了来电同学的问题，内心也有一种特别的成就感。日子就在这样细细碎碎的时光中一点点流逝，我对工作也逐渐熟悉起来。

虽然我的勤工助学之路才刚刚开始，但在这个短短的过程中，我学到了很多，从一开始的懵懂无知，到后来能够较熟练地进行审核。勤工助学的过程中，正是践行“勤于工，助于学”。我通过自己的勤奋付出，不仅认真完成了工作，也在此过程中提升了能力，增长了见识，同时也认识了很好的伙伴和可敬可爱的老师。

“那些花盆里面看着似乎只有土，可土层深处埋藏着静候春天等待发芽的花种。”贫寒的出身我们无法改变，勤工助学给了我们机会，让我们能够用自己的努力，去浇灌自己的花种，只要坚持不懈，信念坚定，相信“光秃的花盆中总会长出希望的花朵”！

这就是我的勤工助学故事，但我想，这仅仅是个开始。接下来的学习生活中，如果有机会，我会依然坚持参与工作锻炼自己，将自己的勤工助学故事延续下去，我们未完待续！

作者简介

廖岑英，女，工学院农业工程专业 213 班学生

勤俭于工，助益于学

◈ 陈重缙

勤工助学，对于我来说既是机遇又是挑战。在我的心目中，勤工助学一直是高尚的，曾记得在阅读历史课本时，读到周恩来总理等一批无产阶级革命者远赴欧洲读书时也曾勤工助学，在异国他乡仍然保持着勤俭节约的中华美德，并在勤工助学的同时取得了优异的成绩。每每读到这里，我都不禁心潮澎湃，在心中也下定了决心：我也要凭借自己的双手减轻家中的负担，时刻以他们作为自己的榜样。

勤工助学——让我收获价值的机遇

勤工助学对于我而言，是一种机遇。或许每个人对勤工助学都持有不同的看法，有人认为它耽误学习，分散注意力，还有人认为它会有损名誉。在我看来，勤工助学对于大学生而言就像是寒冬之下的暖阳，不仅温暖自己，也感动父母。对于自己而言，这是一种机遇，勤工助学可不仅是所谓的“打工”，更多的是培养学生步入社会、进入工作后的能力；对于父母而言，这是我们成人后自立的体现，父母会认为我们对自己负责，他们的养育与教导培养出了积极上进的孩子。我在没有进行勤工助学之前，与长辈、老师或是学长学姐几乎从不主动交谈，通过勤工助学，慢慢地在工作中与他们交谈之后，我变得开朗起来，不仅积极主动询问自己不懂的事情，也结识了许多良师益友。这种积极影响也在我的学习生活中得到了体现，原来我害怕与人交往，现在我觉得与他人交往、了解他人的想法是一种有趣且使我受益匪浅的事情。勤工助学，就是在劳动中创造价值、在奉献中创造价值。

勤工助学——使我充实自身的挑战

勤工助学对于我来说，更是一种挑战。在勤工助学的工作中，我也学习到了许多技能，如 Excel 的运用等，也知晓了学校的一些政策，如团、党支部的相关政策等。更重要的是，我学到了与人交往的艺术。在勤工助学工作中，最必要的就是与人交往的能力，我认为这也是毕业后在工作中的重要能力。管理学原理课程中讲到：沟通是使人在工作中打开局面、使公司效能大幅度提高的重要途径。然而，在勤工助学工作开始之前，我对此没有什么概念和经历，但在一次转送文件的经历中，我学会了与人沟通的第一步就是积极与主动。那次，我被派去西区转送文件。在乘车去西区的路上我不停地看着手表，生怕因老师下班而不能及时转达到位，但由于晚高峰堵车，我还是晚到了十几分钟。在我靠在走廊的墙上无奈地翻看手机时，和我一同工作的学长问我是否顺利完成任务，我只好将事情的来龙去脉讲述给他，他立刻打来了电话，问我为什么不找老师说明情况却选择等待。在一番思考之后，我选择了向布置任务的老师说明情况，并在联系过后顺利地将文件转送到位。在我的意识里，沟通只存在于被动之中，经历了那次事件后我明白了迈出沟通的第一步就是要积极主动地让对方清楚地了解自己的需求——这是勤工助学带给我的不能直接从日常学习中得到的宝贵财富。

勤工助学在每个人心中都有着不一样的评价与价值，它或许是增强责任感、培养意志力的途径，或许是促进学生健康成长、全方面发展的工作，但在我看来，它更是我国社会主义教育事业的组成部分。勤工助学在我国革命时期、新中国成立初期和改革开放时期一直延续，在新时代中国特色社会主义教育事业中，我们更不能放弃这种宝贵的育人途径。热爱劳动、重视劳动者的观念需要在我们的心中生根，担当民族复兴大任的时代新人需要勤工助学等一系列劳动的不断教育。

总的来说，勤工助学让我找到了自身的价值，挑战了自我，充实了自我，提高了我的各种能力，同时也有利于指引我树立正确的人生观、世界观、价值观，让我对劳动更加重视。作为一名农大学子，我更要时刻以“解民生之多艰”为己任，成为德智体美劳全面发展的知农爱农新型人才。

作者简介

陈重缙，男，经济管理学院工商管理专业213班学生

勤工助学，互相成就

◈ 衡 雪

时光飞逝，从接触勤工助学到现在（写文章时）已经过了大半年的时间。当初报名勤工助学岗位的初衷是想通过自己的劳动和努力，实现自给自足，减轻父母的经济负担。事实上也确实达到了这个小目标，但是我觉得在这大半年的勤工助学中，我收获了更多比金钱更重要、用金钱无法衡量的情谊。

还记得半年前面试后勤小生的时候我还是一个典型的“社恐”，害怕主动与人交流，害怕出丑。但在后勤小生这个充满爱、充满欢声笑语的地方，我变得开朗起来，喜欢与助管团的小伙伴们一起团建。后勤的老师们也非常亲切，像朋友一样对待我们，少了许多距离感。

因为有在中国农业大学志愿总队宣传部工作两年的经历，我被分到后勤小生的媒体组。虽然在进入之前我已经掌握了一些媒体相关的技能，但在这大半年里，我感觉自己的工作能力有了质的飞跃，特别是在创造性和自主性方面。比如做一篇推送，我以前大多是将已有的文稿和图片进行排版，而现在可以一个人负责整个活动的文稿、拍摄、后期制作和排版。这份工作不仅培养了我的自主性，更提供了发挥和想象的空间。

后勤小生是学校后勤保障处对外交流的窗口，加入后勤小生给了我宝贵的接触后勤的机会，让我对后勤保障处有了更多的认识。后勤小生的活动丰富多样，在这里可以走进食堂，进入厨房品尝即将上市的新菜品，为它拍摄看了就垂涎欲滴的美图；在这里有机会认识学校品种繁多的植物，感受到农大的美丽；在这里还可以为同学们提供服务，及时处理校长信箱中有关后勤的问题，帮助同学们解决生活和学习中遇到的困难。

在进入后勤小生的大半年时间中，令我印象最深刻、感触最特别的活动是CAU封面人物专辑策划。我们寻找后勤不同岗位深受同学们喜爱的工作人员，走进他们的生活和工作环境，倾听他们的故事，为他们拍摄一组不一样的照片，为同学们展现叔叔阿姨们工作与生活中截然不同的两面。在这次任务中，研二风味食堂麻辣烫窗口的“鸡腿叔叔”备受欢迎，能采访到他，为他拍摄我感到非常开心与荣幸。叔叔为我讲述了他在农大的趣事，他已经在农大工作了二十年，可以说是把最好的时光都献给了农大。我问他是什么让他坚持了这么久，他说是同学们吃到他做的鸡腿和麻辣烫之后满足的笑脸，这是他坚持的最大动力。叔叔非常害羞，采访的时候也非常激动，谈起这些他时不时抹去眼角即将掉落的感动的泪水。他表示非常感谢同学们对他的喜爱与支持，他会坚持选用最新鲜的蔬菜、注重卫生、控制价格来为同学们服务。在拍摄的过程中，叔叔有些拘谨，但也很开心，他很感谢我们为他提供这个机会。的确，因为有了这个充满创意与爱的专辑，我得以有机会走进后勤工作人员，了解他们的故事，并且展现给大家，让更多人了解到这些默默为大家服务的“英雄”，这是一件非常有意义的事，也是后勤小生存在的意义之一。

后勤小生是一个互相成就的地方，它给予我们成长、表现的机会，我们的努力也让后勤小生越来越好。在这里，我不是仅仅追求工作量，而是想要做更多有意义的事情，学习更多技能，了解更多后勤的知识，更好地为大家服务，贡献出自己的一份微薄之力。

作者简介

衡雪，女，经济管理学院金融学专业 191 班学生

它，伴我成长

◈ 郭 莹

有一个小女孩，她满怀期待想体验传说中的“大学生活”，但是由于不小心，开学的前一周，她膝盖髌骨脱位，只好忍着伤痛，拄着拐杖，迈进了校园。伤病似乎让她忘记了自己，她渴望收获大学友情，却又害怕遇到同学，让自己成为一个“累赘”；她会在晚上以泪洗面，质问自己为什么不能像其他同学一样自由地奔跑。因为家庭状况，她每天精打细算，再加上伤病困扰，她收起了嘴边的微笑。沉默成为她的生活常态，她就像一个灵魂出走的人，苟且地过着本该属于她灿烂的日子。

直到有一天，她遇见了一个学姐，学姐和蔼可亲地说：“你知道吗？咱们学校有勤工助学岗位，你可以申请，我之前做过，感觉还挺好的。”她有一些犹豫，也有一些怀疑，“我真的可以吗？”她胆怯地问。学姐似乎看出来她内心的焦灼，慢慢靠近她，抱住了她。那一个瞬间，小女孩的世界开始有了一束光，虽然不耀眼，但是足够温暖她

那颗尘封已久的心。小女孩抬起了头，“那我试一下”，她磕磕绊绊地说出了口。

一周后，小女孩的手机上来了一条邮件信息“你已获得本科生院宣传助理勤工助学岗位，请联系×××。”小女孩浅浅地笑了一下，似乎一缕春风吹拂着她那颗自卑的心，慢慢吹散了恐惧、犹豫、多虑。

小女孩开始尝试和认识这段新的生活。她第一次去到工作的地方，有一些缩手缩脚，林老师一眼就看出来了，她微笑着说：“没事，别紧张，每次你先签到，签到纸在桌子上，在电脑前有咱们招生办的报考指南和一些招生资料，你可以先熟悉一下，这样之后，家长或者学生打电话询问，你好答疑。之后我们还会有一些其他任务，到时候再分配。这些事情完成之后，你可以自己利用时间。”老师温柔地不急不慢地一点点教着她，她点了点头，默默走到位置上。没想到，还没坐稳，“丁零零”电话就响了起来，林老师一个眼神，她明白了——

“喂，您好！”

“这里是中国农业大学本科生招生办吗？”听声音，这是一位来自外省的家长。

“是的，您您……需要了解……什么呢？”她有一些不知所措，心里超级害怕第一次就搞砸。

“请问你们学校的相关招生资料在哪里可以找，我孩子想要报考动科专业。”

“嗯……您可以在百度上搜索中国农业大学，进入官网，有一个招生的条目，点击进去可以看到各省的相关材料。”

“好的！谢谢您，再见！”

电话的挂断，让她提着的一口气终于松了下来，那个问题让她一下子回到当初自己报考的状态，想起了之前的美好生活，不只是怀念，也是纪念。她的眼神正好与老师撞上，老师给了一个肯定的微笑，那一瞬间，她有一种小小的成就感，心里的枷锁似乎一下子就解开了，她开始了解农大，努力做好当下的事情。

虽然一开始她似乎总需要老师们的帮助，但经过一个学期的工作，她已经能从容淡定地解答几乎每一位同学和家长的疑惑，并学会了公众号排版、封面的设计、文档的完善，慢慢地她掌握得越来越多，在不自觉中她从一株小芽变成了一棵小树，她学会了求助和沟通，她看到了“新的生活”。她终于明白了那句话——“世界上只有一种真正的英雄主义，那就是在认清生活的真相后依然热爱生活”。

任何客观的条件都不能成为自己人生的桎梏，而是重启自己阶段旅程的按钮。

作者简介

郭莹，女，经济管理学院会计学专业202班学生

“勤”彩飞扬，“助”我光芒

张　璇

关于勤工助学，入学四年来各种经历一直铭记在我的心海，未曾忘怀。其间有痛苦、有失落，但更多的是收获与成长。一直以来，父母在外奔波劳累栉风沐雨，换来我们无忧无虑清风徐徐。自己内心的歉疚感，越长大越难以释怀。由此，入学以后，我便决心要做点什么，以减轻父母肩头的负担。

机缘巧合，2018年国庆节假期的前一天，我在公三招聘大厅的勤工助学固定岗位双选招聘会上遇到了就业创业办公室的林嘉老师，也是现在我们常常脱口而出的“嘉嘉姐”。在林老师的耐心帮助下，我成功“入职”就业创业办公室，成为一名行政助理。

那个国庆节后的第一个星期一下午，我踏入公主楼B332办公室。那时的我很青涩，做什么事情总是一副胆怯的样子，生怕会做错什么，感觉很被动。过了将近两个月，在办公室潇予老师和林嘉老师的引导和帮助下，我才逐渐适应了日常的工作氛围，慢慢找到了自己的工作节奏。

回忆自己勤工助学的那些日子，贴过的发票、接过的电话、送过的文件、取过的快递……已经数不胜数，过程上也看似索然无味，但工作的成就感是不言而喻的，特别是成功组织了一些活动。很多同学第一次组织活动都是在学生会等学生组织里，而我不一样，我是在勤工助学的岗位上。大二秋季刚开学，我就在老师的指导下连续三个周末组织了三场与北科合作的创新思维训练营。在这个过程中，我认识了很多有趣的人，体会到了从事学生工作的老师们的不易，也感受到了工作过程中及时沟通的重要性，越发懂得每一场活动的成功举办背后都是很多人的心血与付出。而后，我慢慢地熟悉了一般活动的组织与流程，自己的身影也慢慢地出现在大大小小的招聘会和人事考试中。其中，最难忘的还是2021年5月那场影响了全国高校毕业生的“盛会”——就业促进周。虽然我在这个过程中的付出与众多兢兢业业的老师相比微不足道，但我深知一场“盛会”的成功举办离不开每个环节的每个人，也恰恰是在组织过程中，我看到了国家为全力促进高校毕业生顺利毕业、尽早就业而做出的努力，看到了农大人身上沉稳、朴实、包容、奉献的气质，看到了齐心协力的农大人为促进全国900多万毕业生高质量就业做出的无私奉献。其中的心酸与幸福，收获与成长，更是难以寥寥数笔描绘出来的……

在这里，我比更多同龄人提前接触到了就业创业的知识与政策，比更多同学提前了解了职场的残酷，也就能更早地着手规划自己的未来；在这里，接待校外用人单位的过程也让我学会了更多的社交礼仪，学会了更多在课本上根本不可能学到的待人接物的道理；在这里，让我第一次深深地意识到，原来真的可以和可爱的老师们相处，成为无话不谈的好朋友，一起快乐“干饭”、一起信步在春天的校园、一起享受生活的五彩斑斓……这样一段多姿多彩的经历，给我的大学生活添加了浓墨重彩的一笔，为自己的大学生活画上了更加圆满的句号。

如今，日常工作仍旧开展着，看起来像一碗水，既没有动荡，也少了很多波澜，却多了一份娴熟，就像少许涟漪晕染开来。

四年里，我由衷地感谢学校勤工助学政策的支持，感谢就业创业办公室所有老师的谆谆教导，尤其感谢可亲可敬可爱又无微不至的“嘉嘉姐”，感谢一起工作的小伙伴，未来的路上我也一定不负众望。今天，你“助”我以闪耀的光芒；明天，我必“勤”之以自信的飞扬。

作者简介

张璇，女，理学院数学与应用数学专业182班学生

我在母校勤工助学的四年

邵先凯

回首大学四年，勤工助学可谓贯穿始终，除去因疫情没有返校的大四下学期，其余学期我都参加了勤工助学。我勤工助学的足迹从学院到后勤保障处和学生工作处，在这个过程中我遇到了很多温暖友爱的老师，不同岗位勤工助学的时光也是我大学生活颇具亮色的一笔。

大一“萌新”的后勤初遇

刚到农大的时候，我还没褪去高中的青涩，十分稚嫩。最开始，我先在理学院做了约两个月的勤工助学工作，后在学院张玲老师的推荐下，我第一次来到了后勤。当时的我未曾想到，这个地方发生的故事以及遇见的人会在我大学四年的生活中占据如此重的分量。

初入后勤，我是有些许忐忑的，或许是高中之前对于老师这个角色的望而生畏。然而在后勤接触几位老师一段时间后，我便慢慢卸下了心理上的防备。主楼 135 小小的办公室里，有王焱老师的严谨与认真、胡亚男老师的细致与温柔、肖志刚老师的开朗与幽默。在大一下学期的时候，郭昱静老师的加入也为后勤综合办公室注入了新鲜的活力。当时后勤的名称还是“后勤基建处”，在我大三的时候变成了“后勤保障处”和“基建处”。大一在后勤担任行政助理期间，我的主要工作是整理打印材料、收集汇总信息、协助后勤老师的日常行政工作等。后勤基建处于我而言，归属感更强。大一没课的时候，比起图书馆和三教，我有时更喜欢“屁颠屁颠”地跑去主楼勤工助学。在这里工作氛围轻松，不仅办公技能可以得到提高，还能认识很多有趣的人，不仅有这里的老师，还有来自不同学院不同年级的助管同学。那些热气腾腾又热爱生活的大朋友小朋友让大一的我在日常的冷寂中感受到了不可多得的温暖。他们像是一根使我暂时逃离繁重课业与初入大学的不适的绳索，让我得到片刻的喘息，又让我不断地提高自身的能力去适应从高中到大学的转变。在这一年后勤助管的日子里，我还被选为当时有十余人的助管团队的副团长，对那时的我而言，也是一种来自后勤的肯定与鼓励。

从和园“扫地僧”到东西区“信使”

化学专业大二要搬到西校区，我与后勤不舍作别。到西校区后，我担任了学生工作处的保洁助理岗位，当时只是半岗，一周四次，每次一小时，一般在晚上九点半左右去维护和园四层的走廊、栏杆、上下楼梯以及学生活动大厅的卫生。

在最初担任保洁助理的时候，大二愈发繁重的课业与保洁工作带来的身体上的辛劳让我的心里有些许不平衡，但是慢慢转变思维之后也就释怀了。“天将降大任于是人也，必先苦其心志，劳其筋骨”，既然选择了，那就好好地干下去。“穷且益坚，不坠青云之志”，意志可以克服身体上的辛劳。我时常把在和园四层的拖地当作一场属于我自己的涂色游戏。晚上从新教或图书馆自习回来后，在和园四层戴着耳机暂时放空自己，不去想白天难以理解的化学反应机理，以拖把为画笔，把和园四层的每一块地砖都涂上自己的色彩。我还笑称，自己也同《甄嬛传》中的敬妃一样了，她抚摸过她宫里三百二十六块砖石，而我也是擦过和园四层过道里每一块地砖的人了。大三时，我申请到了学生工作处的行政助理岗位，负责协助洪莉老师处理东西区财务报表的呈递工作以及部分的文书修改工作。洪莉老师对我们总有一种长辈对后辈的关爱，让我们倍感温暖。

“后勤小生”——平台与机遇

我总是想把后勤助管团队亲切地称为“后勤小生大家庭”。大一第一次去后勤当助管时，我还是小团队青涩的“副团长”。大二、大三时，我是后勤的西区“编外人员”，在西区零星地帮了点小忙，挂挂彩喷、弄弄展板、写写推送，也会在闲暇时候关注后勤小生的新动向。看到新加入的文浩老师、李鹏慧老师与从前的胡亚男老师、肖志刚老师等一起将后勤小生的队伍日渐发展壮大，我也十分欣喜。大四推免之后，我又再次回到后勤，成为后勤小生的轮值团长，除了协助日常行政工作外，还负责组织后勤小生进行活动的策划。在大四那年，和后勤老师一起加班赶推送的夜晚正好遇上北京初雪、作为摄影和后勤老师一起参观建国70周年展览、全体后勤小生一起团建轰趴等都是十分美好难忘的回忆。2020年12月，胡亚男老师和文浩老师来厦大后勤交流学习的时候，我们还一起碰了个面。2021年1月7日，我在睡前看到后勤小生的推送《呼叫农大人：请回答2020!》时，大半夜陷入“回忆杀”，百感交集、十分触动。2021年9月中秋节时，我有幸收到了农大后勤小生寄来的校徽月饼，毕业一年多还被记住的感觉真得让人感动不已。

我和后勤的故事，由无数个闪光的碎片拼凑而成，那里有早起赶校车时沐浴朝阳的明媚、加班做推送时偶遇初雪的雀跃、中秋节收到远隔千里母校月饼的惊喜……

“后勤小生”于我而言，最开始是一个勤工助学的平台，逐渐融入之后，归属感与日俱增。在这里，大家可以大展拳脚，将天马行空的想法不断落地、生根发芽、开花结果。“后勤小生”是一个可以不断尝试的平台，大四上学期我也曾带领助管们组织了几场活动，尽管现在回想起来，当时的自己在多次修改策划时十分焦虑，在活动策划和组织方面仍有许多疏漏，但也感谢后勤给予的历练机会，每一次都在成长。

此外，近四年勤工助学经历带给我的更大收获是看待问题视角的转换，学会从学生视角与学校视角来考虑问题。并且，参与勤工助学的我们，在一定程度上也相当于老师和学生之间的桥梁，我们不仅需要协助老师处理好日常的行政事务，还应思考如何凭借我们这个角色的作用，更好地向老师及时反映学生的权益诉求，向学生精确解读学校的政策精神。从学生中来，到学生中去，我们需要密切师生关系，让师生拧成一股绳、心往一处想、劲往一处使，共同为学校发展建言献策，为学校建设添砖加瓦。

相信做过的每一件事，时间都会记得。在农大近四年勤工助学的收获也让我身上农大人的烙印更加深刻与清晰！

题外话

如今的我，虽然已经离开母校近两年，但在朋友圈里也时常可以看到后勤小生的动态更新，也十分欣慰在大家的努力下，后勤小生变得越来越鲜活热烈。借此征文机会和大家分享一下我四年的勤工助学经历，希望母校越来越好！

作者简介

邵先凯，男，理学院化学专业163班学生，现就读于厦门大学化学化工学院

助管纪行

苏同康

遭遇失败，陷入困顿

2021年9月的某个下午，我躺在昏暗的宿舍循环收听着*Chasers*，希望这迷乱恍惚的音乐能模糊我的思绪，让我暂时忘记父亲的病、忘记那窘迫的家境……无奈的是，越想昏沉却越清醒。我想起暑假期间的勤工助学，因自己办事不力拖慢了别人原本的进度，最后羞愧地以借口回家而辞职；想起原计划应聘的心理中心的工作，因时间安排不得不放弃；想起某份资料采集的工作我也落选了……接连的失败狠狠打击了我。我的困

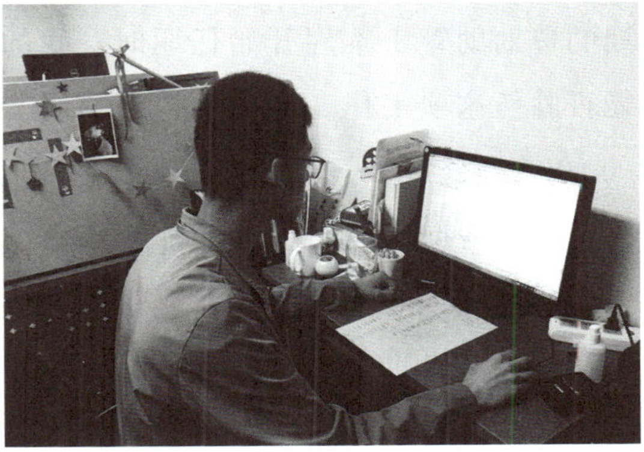

境就像是不幸掉下悬崖后又幸运地挂在歪脖子树上，虽然现在还没摔下去，但咔嚓作响的树杈已然昭示了悲剧的终场。我试着调整姿势，试着往更坚固一点的地方挪动，却只有松动的岩壁嘲笑着我的无能和徒劳。

人到伤心处，万念都成灰。越想越难受的我最终向辅导员倾诉，求助改变现状的方法。现在想来，如果我的一生可以写成一本书的话，那个下午所发生的，我的苦恼、我的挣扎和我的救赎，绝对会写成那部作品最亮眼的引言。

收拾情绪，打点行囊

经辅导员引荐，我了解到即将于 10 月开始的农学院办公室助管岗位招聘。不是比喻，不是夸张，我真的看到了希望的灯火。我本以为勤工助学只有假期才会有，假期结束了，再没有参与勤工助学的机会了。现在突然出现的助管岗位招聘信息于我而言就是拯救，招聘推送就在那里，我无法去看去想除了它以外的东西。我马上提交了报名表，准备接下来的面试。面试当天，三位面试官端坐在对面，由于准备充分，我竟没有预料中的胆战心惊，反而轻松得有些意外。

心怀希望，踏上旅途

经过两天漫长的等待，录用名单终于发布了。当被通知作为本学期的资助助管于本周开始任职时，我的内心既期待又不安，担心自己能否胜任这项工作。在一个普通的周三午后，我怀揣着复杂的心情进入 1003 办公室——我工作的地方。迎门摆放的小黑板上画着一些简笔画，我有些局促地回应着老师们热情的问候。办公室的老师们都很友善，富有青春活力，这种安适的氛围给我留下了深刻的印象。我的工作内容并不繁重，偶尔帮助整理一些资料，偶尔帮忙跑腿盖章，偶尔搬运物资，或者整理仓库，但我能感觉到自己是有价值的，这种“被需要”正是我所追寻的幸福。通过与大家相处，我认识到老师们并不是遥不可及、高高在上的。他们会和我谈起养的小乌龟，还会给我分享零食，面对这样亲切的老师，以往因敬重而刻意维持的距离感也渐渐淡化了。对同在办公室当助管的研究生学长，我因为不知道怎么称呼，很长一段时间里都没有与他交流，但随着我去办公室次数的增多，最终我也和学长成了朋友，甚至还收到了一起在元旦晚会上出演节目的邀请。

任职助管的日子一天天过去了，这段宝贵的时光也在悄悄地改变着我。从最初无所适从地呆坐在办公室的角落，到逐渐熟络各种事务处理，慢慢融入 1003 大家庭，我的确收获了很多。还记得筹备元旦晚会时，准备奖品，清点物资，装饰会场，演练流程，所有人都很忙碌，但那无疑是我参与度最高的一次元旦晚会。接下来的学期我就没有时间继续担任助管了，作为助管生涯的“收官之战”，我要把这最后的工作做到尽善尽美，让圆满成功的元旦晚会成为这趟旅途的终点。

2022 年 5 月的某个中午，我坐在空空荡荡的教室循环收听着 *Winter Broken*，希望这平静单调的音乐能厘清我的思绪，把我的助管之旅记录下来。在这趟旅途中，我收获了许多。每月发放的工资，确确实实在很大程度上缓解了我的困难；任职学院资助助管也锻炼了我的能力，让我对自己的价值有了更积极的认识。这次勤工助学的经历于我而言意义非凡。它是我的宝物，是我生命中绽开的小小的希望之花。它推着我勇敢往前迈出了一步，在我灰心丧气的时候，向我展示了我还能做更多的事，让我遇见了更好的自己。

作者简介

苏同康，男，农学院农学类专业 204 班学生

勤以致学，工为匠心

◈ 蔡一洋

在填下那张报名表格之后，我恍惚觉得这是我未来毕业时某一刻也将面临的一幕场景，这是一个我选择了这份岗位而它也恰巧需要我的双向奔赴。

细细打磨填写自己的个人简历、工作经验、技能特长，我像是提前穿梭于招聘就业的毕业生就业大潮，之后暗暗期待着，仿佛这样就能缓解因迟迟未收到最终录用结果的邮件而产生的心焦，同时下意识地不断刷新着邮箱。

也是在这一过程中，我才真真切切地感受到何为“过往的履历积淀都将在某一时刻薄发”，之前园艺学院融媒体新闻中心副主任兼记者、院学生会文创部干事的工作经历让我得以证明我的工作实力与技能优势，最终有幸获得了就业创业办公室宣传助理的岗位。

勤工助学所带给我的

参与简洁大方、主旨清晰明确的封面制作，在学校就业创业办公室的微信公众号中发布带有自己所制作封面的推送时，我总会有无法言说的自豪感与发自内心的喜悦，亦是一种能够为学校工作出一份力的满足感与充实感。同时，让我在工作中不断反思如何更好地利用学习之余的时间，在保障学习强度与效率的基础之上，学会兼顾老师派发的工作任务并高质量完成。

小到学习做推送封面，大到撰写校新闻网所用稿件，甚至是负责主持“互联网＋”线上培训会议以及完成与各支队伍相关负责人的联系与对接……这些或大或小的任务都在无形中丰富着我的经验与阅历——一次次沟通与修改，一句句称赞与感谢，都让我在工作中得到不同的体验感与获得感，亦不失为一次弥足珍贵的成长经历。

学写访谈会议记录

大约这是我上岗之后接到的第一个任务，所以我印象极为深刻，尤其是当知道新闻稿将会在校网发表并进行会议精神宣传时，我内心真切感受到那一份紧张与兴奋。

那是一次类似座谈会的谈话会议，这类会议的新闻稿最难写——既不能面面俱到，提及每个发言者的话语，又要概括与会成员总体传达的核心精神。

那天我只拿到了莅临会议的领导没有经过打磨的生活化发言稿，但我深知，一篇新闻稿件绝对不能完全参考这些“对话式”的访谈语体。实际上这十分考验撰稿人的概括能力，以及对发言人所要表达的中心意思的凝练化把握。我不经常看类似的访谈会议新闻，更别提撰写了。

我至今仍记得，在老师询问我是否可以撰写时，我很犹豫，这是锻炼能力的机遇，可于我而言亦是前所未有的艰难挑战。

但最终，我还是攥着出了薄汗的手坚定地回复老师——“我可以”。

那个下午我坐在图书馆，从夕照刺目到暗夜沉降，不断地搜索访谈类型会议的相关新闻，寻找，阅读，再找，再读……主流新闻媒体、公众号平台等的相关稿件被我尽揽眼底，时间也在不知不觉地流逝。

从打好大致框架，到对访谈内容详略适度的学习；从用不同逻辑词联系发言人口语化表达，到用核心关键词概括其中心思想……在阅读一篇篇新闻稿件的同时，我不断学习、不断改进，自己的新闻稿也逐渐像模像样，从而为第一份任务交上了满意的答卷。

这也许是在课程学习中很难获得的阅历与体验，我将它视作在课业学习外的“另一条路上”收获的财富。

主持“互联网＋”线上培训会议

也许担任这次培训会议的主持于我只是一次“觉得很新鲜，想去试试”的偶然，但在会议中学到的技能与积累的经验，却实实在在地烙印在记忆里。

为了保证培训队伍参赛信息的保密性，我的工作之一是需要在每一组结束前五分钟提醒下一组准备进入腾讯会议以及相关注意事项，而在最后一分钟方可告知其密码正式进入；同时，我需要在讲演人演示时间超过五分钟时出声提醒……这意味着我在一个早晨需要设置不少于20个闹钟，在会议主持与各队负责人的消息通知中无缝切换，还要注意将老师对每支队伍的点评分别录屏保存……

尽管任务如见缝插针般需要我时刻注意时间，我却忙得不亦乐乎。我像是每一支队伍进行讲演时唯一的观众，默默在心里对他们的项目进行打分，凭借直觉感受他们不同的优势与缺陷；而在老师给予点评与建议时，我又仿佛以选手的身份接受评判，在心里记下他们的不足以及进一步的解决方案。

通过这样的角色切换，我似乎在一场主持会议中得以从不同的角度审视一个参赛项目的优劣，这使我对如何做好项目拥有了更为深刻的理解。

总之，在勤工助学的工作中，我所收获的也许是常规课程中无法给予的体悟与经历；而在一次次出色完成任务的过程中，我亦在不断锻造自身对工作的匠心——精益求精的匠心。

作者简介

蔡一洋，女，人文与发展学院法学专业212班学生

遇见美好

——勤工助学的那些日子

◈ 李杭梅

“相信有了人脸识别、积分兑换等功能的加持，我们垃圾分类的准确性、积极性、主动性也能进一步提高。以后我也会从我自身做起，多下楼、多走步，将垃圾分类牢记心头，和大家一起，将分类做到‘驿百分’……”当作为“驿百分”垃圾分类驿站启动仪式学生代表，站在后勤保障处的领导和教职工代表面前发出倡议时，我看到了自己在参与勤工助学的过程中的成长。

我参加勤工助学的初衷很简单，每小时25元的酬金，可以解决接近一天的饭钱。大一的懵懂和无知使我错过了勤工助学岗位的招聘通知，所以大二得知后勤保障处学生助管团在补招时，我抱着试一试的想法填写了报名表。由于疫情，助管团长通过电话进行面试。我还记得那个深秋的夜晚，刚跑完步的我在宿舍楼下结结巴巴地做了自我介绍，选择了“办公室”这一岗位。那时的我，从不曾想过那个平凡的夜晚是我大学另一种精彩生活的开端。

“后勤小生”见面会上，其乐融融的气氛让我开始对这个集体升腾起一种亲近与渴望，签订聘用合同的正式仪式让我对这份一开始只是为了“混饭”的工作有了尊重与责任感。由此，我的勤工助学之旅正式开启。

在主楼办公室，这个温暖的小家，我在一次次的值班中学会了发布通知公告、接触微信公众号企业号推送排版、提升办公技能。同时，在与办公室老师、同学们的交流合作中，我渐渐敞开心扉，增强沟通技能、提升团队意识；在后勤小生奥林匹克森林公园团建中，我认识了新的朋友，来自不同学院的优秀学长学姐成为我不断奋斗向之看齐的榜样；在食堂后厨、宿舍水房，我了解到为我们的日常生活提供保障的后勤工作……

但最令我动容的，是在后勤保障处学生助管团的工作过程中看到的那些最可爱的人。

他们是骑着破旧的三轮车、拖着长长的扫帚穿梭在校园各个角落的环卫工人；他们是踩着高高的梯子、手持大大的剪子修葺一片片绿地的绿化工人。他们绿色的工服是美丽校园中默默无声的一景。

他们是每天从凌晨工作到深夜，戴着白帽子、系着围裙、手拿锅铲的食堂叔叔阿姨，他们侧耳倾听我们的需求，为我们提供可口的饭菜和家一般温暖的服务。公一食堂的“两掺姐姐”，总是记得我们的口味；研二食堂的“烧烤大叔”，总是保持着爽朗的语调；研一食堂的“豆浆姐姐”，总是贴心推荐着健康饮品……他们的口罩之下，绽开着亲切的笑脸，他们的双手之下，翻炒着家的味道。

他们是日夜守护在宿舍楼下，为我们测体温、解决生活问题的宿管。门锁上了没带钥匙、卡换了没录入信息、宿舍电器功率大了断了电……那些大大小小的问题总能在宿管叔叔阿姨那里得到解决。每个下晚课回到宿舍的夜晚，那盏为我们亮着的灯都会在我们心里投下一片光明。

他们是为我们的饮水健康保驾护航、让我们感受冬暖夏凉的水电暖中心的工人；他们是搭建连接东西校区桥梁、为我们提供班车服务的工人……但他们也是孩子的爸爸妈妈，甚或爷爷奶奶、外公外婆，是一个又一个小家庭的支柱，也是我们学校大家庭的建设者。我们是学生，也是学校大家庭的一员，建设和谐美丽校园自然也是我们的责任。从这些可爱的人身上，我同样看见了榜样的力量。

因为勤工助学，我有幸成为一名后勤小生，有幸走近这群可爱的人——平时我们不曾看见的劳动者、奉献者。同时，我有幸通过镜头展示他们、通过文字讲述他们，他们奉献的岁月为我们增添青春成长的底色，他们默默的付出让我们遇见生活中的美好。

我感激这一份遇见。

作者简介

李杭梅，女，人文与发展学院传播学专业 192 班学生

电 话 线

◈ 李嘉文

视如珍宝的工作机会

上大学之前我从未有过勤工助学的相关工作经验，更甚之，不相关的工作经验也没有。大一秋季学期，我由于信息获取不及时，未能参与勤工助学。随即进入春季学期，临近3月，我几乎每天“蹲点”相关公众号和学校通知栏，在大一下就真切体验了一波“求职焦虑”。

一根电话线将我与这份工作相连，我被录用到本科招生办公室。接到电话的那一刻，时间，地点，耳旁的嘈杂，手头的工作，似乎都被定格——你或许觉得我的反应过于浮夸，但实际上直到现在我都还将这份工作机会视如珍宝。现在回想，我当时的表现几近完美地复刻了得到实习机会的克里斯·加德纳（电影《当幸福来敲门》中的主角）。

勤工助学中收获的最大能力——信息的获取能力

我的工作主要集中在接听家长的来电和在招生群解答家长的疑惑。

当时，对于本科招生政策一知半解的我几近愕然：我连自己的疑惑都解决不了，谈何为他人答疑解惑？而且我的性格偏内向，即使是通过电话，个别咄咄逼人者把我“逼疯”的可能性也很大。更为“致命”的是，我当时根本不知道那些政策信息从何处获取。

我的自尊心与责任心一直将我裹挟在自我怀疑与否定的洪流中。我开始疯狂地在网上搜索各种信息，把招生办发布的简章细细地读，列思维导图等。当我自信满满于准备完毕时，家长的各种细节问题又让我不得不求助于招生办的老师们。曾有一次，我在勤工助学群中提问题，却被前辈嘲讽“没有认真阅读发布的简章文件”。我几乎是愤懑又羞愧的。我不甘心，又精读了一遍文件，随即发现并非是我阅读的疏忽，而是那些问题确未在简章中提及。

于是我明白了，家长对于孩子的关切是一纸简章道不尽的；于是我知道了，需要在其他的网站上搜寻相关信息；于是我收获了在这勤工助学中的最大能力——信息的获取能力。我十余载人生因为蒙在鼓里而与太多机会擦肩而过，甚至于连意识到这种状态都是困难的。我初来值班时，就听招办老师谈过“勤工助学的学生的获得感问题”。我之拳拳之心，切切感激，溢于言表。

电话那端的故事

还是新手时，我一直秉承着“顾客即上帝”的服务态度，唯唯诺诺地将自己摆在一个晚辈地位和家长们对话。不过家长们似乎并没有意识到我的紧张，倒不如说，他们似乎比我更紧张——一口一个“老师您好”，又或者“麻烦您了，太不好意思了”。当然，也有一些态度不好的家长，不过我也都给以好言回答。

在拿起听筒之前，没有人知道这通电话负载着多少心事，又从何处跋山涉水而来。我接过的电话粗略算来也有百来通，这其中，有那么几位我记忆犹新。

其一，是一位交谈了近半小时的母亲。电话中断后我被给予了两个评价：有耐心和下次不要打太久让电话占线。那位母亲有一个即将高考的女儿，在对话过程中，她反复地问我：“贵校有什么适合女生读的专业吗？”

其二，是一位口操方言的男人。在此之前，前来咨询的家长多少会一些普通话，我从未应对过这种彻头彻尾的“中国人听不懂中国话”的情况，又不知如何委婉提醒。后来还是招办老师帮我解了围，我在听取经验时得知他是在询问有关继续教育的事。

其三，是一位似乎家境较好的女人。她开门见山地摆出了北京户口和连珠炮似的问题：“请问你们的强基计划的动物育种主要是哪些动物？植物育种是否只有讲座中提及的春冬小麦、水稻、玉米？”“你们对选调生的报考条件有什么细致要求吗？”

其四，是一位不着急不着慌的高三学生。这通电话由前一班同学嘱咐我回拨，我打过去后接听者是一位“一问三不知”的中年女子。“你说的我搞不懂啊！我不晓得这些。”于是我便要了她孩子班主任的电话，仍未拨通。由于那天是高校专项计划报名的最后一天，我又是最后一班，我急切地再次拨打了那位女子的电话：“您的女儿有电话吗？”然后她告诉我，她是孩子的姑姑。我最终联系到了那位学生，学生却波澜不惊地告诉我，她已经自己把问题材料上传解决了，故未再打电话咨询。

积极地拥抱人生

我只是一名大一学生，幸运地出生在大城市，又暂且在首都的

“象牙塔”中。我没有踏出过这里，没有参与更多的社会实践。我目前所能做的，仅仅是通过这一根短短的电话线，去了解那长而又长的人情世故。

我听到了从南至北纵横数千公里的地域差异，听到了从过去遗留至今的文化差异，听到了或许会为孩子立身一生的原生家庭差异。作为旁听者，我总会唏嘘于那在每个孩子出生之前似乎就划分得明明白白的起跑线；作为亲历者，又偶尔会感慨自己和同龄人相比似乎承受了太多。我还记得清华大学政治学系副教授刘瑜的演讲“不确定的时代，教育的价值”，她的一番“我的女儿正势不可当地成为一个普通人”引发了社会众多人士的热议。

诚然，虽稍有羡慕，但不可囿于嫉妒怪圈。人生是一场马拉松而非冲刺跑，参差的起跑线绝不是敲定命运之锤。过度的富有毕竟只是少数，切不可目光狭隘，只看得到头顶上的人。我们需要时刻怀有悲悯之心，将援手伸向弱者，应挣脱在原生家庭看法上的思维桎梏，努力拼搏，再去努力帮助那些与自己有着相似经历，甚至更坚强的人们。这才是正确积极的态度。

以上，是我在本科招生办勤工助学两个月以来的所思所悟。一根电话线连接起我与招办，又是一根电话线连接起我与五湖四海的人们。我所能做的，便是很有耐心地去回答一个又一个略带焦虑的重复的问题，因为我知道不论身份如何，他们都饱含情感与期待，无论是对孩子，还是对自己，抑或是对明天。

感谢勤工助学，我收获颇丰。

作者简介

李嘉文，女，人文与发展学院传播学专业212班学生

勤工助学，助人炼己

沈家逸

迈入大学的校门，步入理想中的象牙塔，我真正意义上拥有了属于自己的一片天地。年过十八当自强，自入学以来，我身边不少同学都加入了勤工助学的行列，做最平凡的勤工人，在最普通的工作中收获成长与感悟。而我与勤工助学的缘分有些特殊，它源于志愿，且因志愿继续发热。

源于志愿，延于志愿

“夕阳红助老”志愿项目由我校志愿服务总队组织发起，主要帮助退休教师收集整理订餐表并分发由各食堂准备的爱心餐，我的故事就从这里讲起。大一上学期，我便加入了此项目，成为一名微不足道的信息整理志愿者。随着参与次数的逐渐增多、熟练度不断提高，在离退休处老师的建议下，我成了该项目唯一一名长期固定志愿者，每周固定时间提供服务。因此，我也与负责老师建立起了直接联系，并且更多地参与到了离退休处的其他线下工作中。机缘巧合之下，我加入了勤工助学的队伍。虽然后面因为自身课程调整、疫情出校不便等原因，我的勤工助学经历并不长，但这段经历教会我许多。更重要的是，我克服种种困难，继续参与相关工作，无论寒暑假，无论节假日，无论是否考试周，坚持每周服务，至今（到写文章时）已六十余次。

助人更是炼己

离退休处的工作是琐碎的。例如，每周订餐名单的再三核对，确保每一位有需要的离退休教师享受应有的服务，每一处细节的认真比对，确保信息准确无误；又如，工资条的发放，由于离退休教师习惯于纸质明细，尽管有电子化档案，但仍要制作大量纸质版工资条，便于领取。离退休处的工作有时是很难的，因为服务人群是高年龄段离退休教师，在一些问题上往往存在理解、沟通上的困难，需要沉下心来，用心聆听。这段勤工助学的经历大大考验了我的耐心与细致，在提升电子化办公能力的同时也提升了人际交往能力。接触新任务时因为不熟悉、不仔细而难免犯错，一次次纠错，对于我来说便是一次次成长。潜移默化间，我体验到了每一份看似寻常的工作背后的不普通，也对从前并不熟悉的老年需求问题产生了兴趣，从而确定了我社会研究方法课程的研究主题，勤工助学工作期间的经历、体会也给我的研究带来了一定的便利。

结束勤工助学，用志愿服务的方式继续发热，前前后后算来已接近两年时间，经常有同学看到我服务时问我：“志愿时长早已超过要求数倍，为何继续坚持？”因为两年来的经历让我内心明白：助人更是炼己。两年历程的点点滴滴成为一段段回忆，过程中有辛苦、有受挫，也有与学业备考冲突的煎熬，但一路走来，始终没有忘记那份初心，更在不断历练中强大了自我。

作者简介

沈家逸，男，人文与发展学院农村区域发展专业202班学生

大学里的别样课堂：勤工助学

◈ 甘　婷

时间似乎总是在我懂得珍惜之前就已悄悄走远，一晃眼，自大二上学期我成为学院办公室的一名日常事务管理助管至今（到写文章时）已经过去了一个多学期。虽然一开始我只是抱着想通过自己的劳动赚点钱当作部分生活费的想法才参加了勤工助学，但是坚持到现在，我收获更多的却是金钱之外的有关成长的东西：责任感、自我认知和温暖。

陪伴·师长般的谆谆教诲

接听电话、人员接待、收发文件、会议室预订登记并协助院办处理其他日常事务工作（如打扫卫生），这是我作为院办学生助管的工作内容。听起来似乎很容易，一开始我也是这样的想法，但在实践中我却遇到了不少问题，甚至出了一些纰漏，犯了一些错误，譬如接完电话忘记询问来电人姓名、半天找不到某间会议室的钥匙、抄错选民证上的选民信息等，以至于还被老师批评过几次（此处要感谢老师，成长的路上倘若我们能遇见肯指明我们存在问题的人是很幸运的，而且老师就算是在批评我的时候也非常尊重我——她会让我关上办公室的门并和我面对面坐着交流）。

作为院办助管，我有义务和责任维护好办公室的形象，不仅要做好日常卫生打扫工作，还要给进来办公室办事的每一位师生提供满意的服务并留下良好的形象——前提是要用心倾听并了解每一位办事人员的真正需求。正如老师所说“我们这个岗位的技术含量不高，但较严谨，看似简单，故很少有人去认可它的难度——人与人之间的沟通，是语言表达技巧，是需要听大家说的，你和我就是倾听者”。我在生活中其实是个有些呆板老实、不太会说话、做事也不够麻利灵光的人，刚开始在面对进出办公室的师生，特别是专门来找我的助管老师办事的人员时，我大多时候就只是与他们打个招呼便交由老师处理，自己则在一旁待着，也并不认真关注他们对话的内容。就因为这一点，我常常不能在老师和对方沟通完让我做事时立马明白我应该干什么、怎么办才好。结合老师的几次教诲和自我反思，我慢慢发现自己可能确实如老师所言，不太擅长或者至少目前不太适合在办公室里待人接物、需要掌握一定沟通能力与语言艺术的岗位。虽然有些受到打击且不想承认，但早发现、早改正、早解决，我也明白自己不得不正视这一点并努力改变，这一自我认知对我未来的职业选择和待人接物能力的提高一定会有大大的帮助。

印象·母亲般的点滴温暖

我的助管老师与人为善、平易近人，对于来办公室找她办事的每位师生都是笑眼相待、热情周到，让人觉得与其相处如沐春风，其中也包括我这个天然有些惧怕老师“威严”的“乖学生”。老师和我妈妈年纪相仿，相处久了她总是让我想起我的妈妈，她们都是能干又能让我觉得亲切的人。还记得那天早上，我正在办公室拖地，老师一进办公室看见我穿着短袖，便先是关心地问我冷不冷，又问我衣服后面下摆处的松紧带怎么这样皱——我暗道老师观察得真仔细。我之前换季后第一次穿上它就被舍友指出松紧带两端正反不一、皱得很奇怪，当时我俩捣鼓了半天也没弄齐整，就蔫蔫地放弃了。听完我的回答，没想到老师竟让我拖完地找她，她说她来帮我调好。拖完地后，我便按老师的要求背对着她静静地站着。我有些拘谨，也不说话，一缕阳光透过未被窗帘遮住的玻璃窗静静地照在我的侧脸上，我感到有些刺眼，还有些担心——如果老师也没能调好松紧带她会不会心情不太好，毕竟老师说要帮我调好松紧带时听起来很是信心满满，而我根据自身此前和松紧带“斗争”的经验，实际内心对老师能成功的把握只有四成。我虽一言未发但内心并不平静，而老师专注于调整松紧带也没说话，办公室里静得只能听见一阵窸窸窣窣的声音——那是老师在调松紧带。时间应该是过得很快的，因为在我还没想好到底要不要和老师说“我调了很多次都没成功，不用麻烦您再给我调了”之前，老师便说调好了。我用手摸了一下衣服后面的松紧带，居然真的变得整整齐齐！我感到十分惊喜，转过身去由衷地向老师道谢并向她竖起了大拇指。窗外的阳光虽有些晃眼但洒在身上让人感觉暖暖的，此时，我的心也暖暖的……

谨以此文献给我亲爱的助管老师，感谢老师那一句句一针见血又满怀期望的谆谆教诲和给予我的点点滴滴如母亲般的温暖，前者教我成长、催我奋进，后者予我关怀、促我成长。同时，也将此文赠给相信未来会更好的自己，感谢勤工助学让我遇见美好，感恩过往，不惧将来，脚踏实地去奋斗，我们都将有更好的未来！

作者简介

甘婷，女，人文与发展学院农村区域发展专业202班学生

推开世界的门

◈ 廖若吟

如果说上大学意味着要独自面临很多选择，那么尝试勤工助学，并幸运地进入党委宣传部新媒体中心是我最正确的决定，虽机缘巧合，我却受益良多。在这个过程中学到的东西和感受到的温暖，将成为我今后面对困难的动力与底气。

初见

大一的时候，新环境的不适、专业学习的吃力和欠缺的人际交往能力让我没有精力关注学校里的很多活动，自然也错过了第一次勤工助学的报名。那时我每天都紧张地计算着自己的银行卡余额，尽量压低自己的每顿伙食开支。倒也不是说生活艰苦，而是当你的视野被限制在当下和几个数字之间，你可能会忘记去看，看水塔下百花齐放，看一教前满地金黄；你可能会错过许多，错过在辩论场上舌战群雄，错过和朋友带着相机走街串巷。我已经忘记是在一个怎样平常的下午偶然点开了学校勤工助学的报名通知，只记得当时简单地填写了信息、匆匆按下“发送”键的瞬间。我没太认真的报名，却悄悄改变了我的大学生活。

很幸运，我成了这个项目的受益者，并像中彩票一样来到了新媒体中心（简称新媒）。

刚进入新媒的我可以说“一事无成”，那时我刚转进传播系，对运营一无所知，对设计一片空白，我是凭着一腔热血转进了人发学院，目前还正是摸索和成长的阶段。我记得第一次在主楼433开会，站在门外那个局促不安、紧张得抠手的我，如果有时光机，我会穿越回去对她说：“别怕，推开这扇门。”

投入

很高兴我推开了这扇门。

这扇门的背后，是一个带你学习和成长的课堂，是一群有才有趣、想法多多的朋友，是一个足够温暖的怀抱。

从文案开始，到编辑推送，再到跟着摄影组拍活动照片、修图、做海报，传播需要的大部分技能我都从新媒的任务中去实践和提高。我开始学会起标题，开始思考什么样的内容更受到关注、学生又会对什么样的内容感兴趣；我开始关注照片的构图和色调，纠结排版的整洁和大方。每一次交稿和发送，都是我学习进度条上的小小推进。

从手绘到厚涂、从二胡到吉他、从50定焦到长焦、从延时拍流星到自主剪辑短片，在爱好发光的同时，新媒的伙伴们同样学业优异、工作突出，大家常常在开会时交流保研、考公务员或是志愿经验，只有你想不到，几乎没有他们做不到。每一个大家一起赶工交工的凌晨，每一个上万的阅读量，都凝结着大家战友般的豪情与骄傲。

我以为这就是全部了，直到第一个中秋开会的时候收到了新媒的月饼，我才发现这里远不止是个“岗位”，更是一个避风港。为了促进大家相互交流，每个组织应该都有团建和福利，但是你应该很少能见到一个组织会专门开会收集大家的意见，为了月历或是买哪家的月饼这样的小细节来回讨论。这种感觉非常奇妙，我们好像在唠家常，而一起过节的仪式感是如此平常又是如此重要。

仍记得去年的国庆，我带着新媒发的月饼礼盒踏上了回家的列车，想要分享给爷爷奶奶，却在转最后一趟地铁的时候把月饼落在了车上。当时回过神来的我想要往回跑，身边的人与我反向，眼神中闪过一丝疑惑和诧异，我傻在原地，好像丢掉了很重要的东西。事情过后我随口在群里“吐槽”，没几天却收到了一份快递——是一盒全新的月饼。拆开包装的我有些错愕，老师说奖励我的孝心。当时，我就暗下决心，我将为这个组织尽可能多、尽可能好地产出和输入，这是一场双向的奔赴。

千言万语汇成一句感谢，感谢小伙伴们的耐心指导，感谢每一届带过我的学姐，感谢欧阳老师的每一句鼓励、每一次宽容和每一分照顾。

离别

转眼间我已经是这个组织的“老人”了，需要带学弟学妹一起提策划做方案，可以告诉对我说“自己好像什么也不会”的学妹“不着急、慢慢来”了。看过三年的换届，看着新鲜血液的不断注入，我开始意识到，或许告别也近在咫尺。

这学期开始，我们的大团队变成了小组织，我们只需要负责官方微博的运营工作。以前我不太用微博，但是我一直知道其作为最大舆论场及学生与学校沟通交流平台的重要性，我想要将这个平台做好，心中有种不自觉的使命感和责任感。我希望在毕业前，能让官博更加体系化，有自己的固定栏目和“小俏皮”“小心思”，能够真正做到走进学生的生活、塑造学校的形象。

记得去年徐颖学姐毕业的时候，我们带着花和相机在体育馆和她合照；记得我看着她的朋友圈，默读着毕业论文中的对官微的几句致谢，心底悄悄翻涌起感动的波浪。初闻不知曲中意，再闻已是曲中人。我想，在我的毕业论文致谢中，也必有新媒给我的勇气与温暖，当初推开那扇门我有多紧张，如今我就多么充满力量。

林清玄说：一个人活在这个时空里，只是偶然地与宇宙天地擦身而过。也许与新媒的相遇也不过是轻如鸿毛的一次擦身，但是我知道，在往后的日子里，我会不断回首、反复张望，因为这是我人生中弥足珍贵的一段时光。

作者简介

廖若吟，女，人文与发展学院传播学专业 183 班学生

留痕岁月墨不尽，故人往事总关情

◈ 王　融

因为参加冬奥城市志愿服务需要待在北京，我报名勤工助学想打发漫长的寒假时间。纵得光阴倏忽，信手拈来，亦可得点滴星光，散落在记忆的天空。

善意援手

刚到离退休处工作的时候，我对各类工作都不免有些生疏，而也在处里工作的一位爷爷并未因为我只是一个勤工助学学生就冷待我，相反，他总是对处处有些“不太聪明”的我施以援手：为了在会议室的显示屏上妥善安置摄像头，他为我找来剪刀和双面胶，关心地帮我扶梯子，指导我怎么粘会更加牢固；当我去楼下搬凳子出错时，他亲自开门为我重新拿了一把，怕我搬上楼太累，还替我在楼外按好上行的电梯……他只是一位非常普通的劳动者，却不吝对一个萍水相逢的学生表现出平淡而温暖的善意。直到离开，我都不曾知道他的姓名，可时至五一劳动节，想起他，我的心中又充满了敬意。

冬日谈心

还记得那天是大年初七恢复值班的第一天，前一天夜里北京已经飘起了大雪，早上起来时地上已经覆盖了厚厚的白毯，铲去雪的主路也因为低温积上厚实的一层冰，打滑得很。我到办公室时，值班老师已经到了，她圆圆的脸上挂着和蔼的微笑，一来就告诉我刚才出地铁站时她滑了一跤，肩膀和手臂现在还隐隐作痛，边说边活动着脖子，另一只手上下来回轻轻拍打着痛处。听说我是骑着自行车来的，她的脸上浮现出一丝讶异："啊，这么滑的路？"

过年的清晨没有什么具体的工作，难得几分清闲，身后的暖水壶咕噜噜地打着酣，空气中升腾着白雾。我坐在椅子上继续校对孟宪珍的书稿，和旁边的老师有一搭没一搭地聊着。她很热情，也很可亲，就像儿时隔壁的邻居一般。她不无怀念地给我描述很多年前农大的某个食堂还是公共舞台时男女同学在上面手拉手跳舞的场景，向我打听和调侃如今身边同学们的"交友"情况，甚至还聊起了近来娱乐圈的八卦……当我向她提及自己目前生活上的迷茫之处时，她还以自己的亲身经历向我讲述了曾经的一位退休教师对她的关怀："也许现在你的生活遇到了困难，但是你要相信总有人会在你的身边默默地注视和关心着你。"当她说这句话的时候，炯炯有神的目光像是在略有寒意的房间里点燃起一捧火，让我年节身处异乡而有些孤独的内心感到些许温暖。

之后我得知她是离退休处党委书记王扬，既是惊讶又感平常，惊讶的是当我回忆短短几个小时与她相处的每个细节，都没有在她身上找到一点儿领导的"架子"，平常的是负责全校离退休教职工服务工作的干部，就应如此热情、干练和纯粹。

生命冥想

也许主要面向的服务群体是老年人的关系，离退休处日常运行工作就像是被浸泡在岁月的陈酿里，充满着脉脉的温情。在这短暂的工作期间，我接触到了许许多多的老年人，他们或坐在二楼活动区的椅子上沐浴着阳光读报，或按完门口的铃后翘首盼着我跑下来开门，或热情地倾诉由自己和老伴参加的令他们骄傲的合唱团……后来他们中有人因为病痛离开，我与他们的接触只能限于摆在办公桌上的一沓沓医疗化验单和讣告。每当细细读着讣告上的内容，我心里都不免有些难过，上面的内容总是在不经意间向我勾勒出他们曾经为农大奉献年华的轮廓，我也忍不住去想象他们生命最后所经历的病痛。旁边的会客厅里，高鹏老师慰问着去世教职工的家属，我偶尔听着那边传过来的话语，面对手上黑白的复印材料，终究心中还是掀起波澜：也许是我的年岁太小，目之所及大多还是意气少年和忙碌事业的中年，而对生命另一端的厚重缺少阅历和沉淀。这样偶然的沉重也会在整理离退休教职工为庆祝冬奥发来的作品时消解，字迹整洁的手稿文章，妙趣横生的创意手工，别出心裁的图片视频，无不彰显着老人们昂扬向上的精气神儿和豁然达观的生活态度。

奔波一生，所需要面对的终极问题也许就是身体衰老时的无奈乃至生命终点时的恐惧。我认为，最关键的是在用心对待生活的每一分每一秒中，锻炼出勇气，修炼出坦然，孕育出希望。

无论什么样的情境下，在离退休处工作的老师身上，我并未寻到因为日复一日的工作而可能滋生的倦怠与冷漠。相反，他们对于老年人蹒跚的脚步、不太灵光的耳朵和重复的话语始终报以温柔和爱心，对每一位离退休教职工的年龄、家人、居住地、身体情况如数家珍。在如今这样一个快节奏的时代，工作对于大多数人而言只是一份工作，对于工作中高密度的人际关系，难免有力不从心之感。而离退休处的老师却向我展现出这份工作不仅要求相关的工作技能和交往技巧，更需要用爱心去播种，用热情去浇灌，用真诚去培养，用责任去呵护。

短短寒假二十余天，在不到四十小时的工时里，我真切地感受到被人帮助、被人照顾、被人谅解、被人温暖的充盈体验。其中世事学问、人情文章，碍于字数限制不能尽述，可播撒在心中的种子静待发芽开花。

作者简介

王融，女，人文与发展学院农村区域发展专业 192 班学生

在勤工助学的时光里遇见你

◈ 刘倩茹

光阴荏苒，一晃眼我的大学进度条已近 75%，勤工助学“工龄”也高达两年多。这过程中点点滴滴的小美好，成就了我大学生活里别致而温暖的回忆。

勤工助学初体验

寒冷深秋的某日，我在班级群里看到勤工助学岗位招实验室助理。一看到“实验室”三个字，我顿时兴奋起来，“这不是提前进实验室学习吗?”心想这真的是一个好机会。从前看影视剧里的大学生活都标配各样的打工经历，上大学前的我就畅想过也能当个奶茶店小妹或家教老师，觉得一边赚取生活费一边认真学习酷得拉风！但因为疫情，校门禁令让我们告别了外面的精彩。线上兼职五花八门却也暗藏“黑洞”，还是学校里更靠谱，我当即就提交了报名表，当时并未意识到这个决定对于我今后会有多大的影响，但难掩心里的激动。

不久收到通知，我被分到了一位老师的实验室里工作。进组后老师让我跟着一个研究生学姐学习。学姐笑起来温柔可爱，但工作起来一丝不苟，给我介绍了很多实验室规则和日常工作细节。她说："我们在实验室容不得半点马虎和懈怠。"学姐专业严谨的态度更增强了我对科研的崇拜感。刚开始的体验新奇有趣，第一次使用移液枪和超净台，第一次去医院做人群实验，这些让我以为这个工作就是边玩边做……直到有一天，学姐让我们去实验室采样，我打开泡沫盒发现是粪便样品，瞬间生理性后退和脸上扭曲的表情让我失去了专业素养。"这就是我的采样对象?"我在心里暗暗叫苦，转头看学姐，她纹丝不动专心采样中。虽然知道科研是专业严谨的，但是这个"下马威"着实出乎我的意料。但工作还是得硬着头皮努力做！还好经历了一两次采样后，我已克服心理上的不适，熟练掌握技巧，和学姐一样面不改色手不抖，也知道了粪便样品对胃肠道实验的重要意义，看来我的工作还算是很有贡献的！

有一次学姐派我去超市给志愿者订购礼品，这可和去超市买东西不一样，对方看我年纪小没经验也比较糊涂，对我爱答不理或漫天要价，跑了好几次都没有谈妥。最后学姐出马，看那架势和态度，不卑不亢杀价切磋，行云流水拍板签单，让我这个"社会小白"也长了见识。回去时我夸学姐真有气势，她苦笑说实验经费不足还是得节省用啊，原来是现实教会了我们成长！

未来的自己

我的第二个勤工助学岗位是就业助理，在这里我了解了本专业的就业前景，培养了自己的就业视野。在招聘网上找信息的时候，我能体会到面临毕业找工作的迷茫感；看到学长学姐"漂亮"的履历和很棒的录用通知，我也会心生敬佩。这份工作需要细心和耐心，对毛毛躁躁的我来说是一种考验。刚开始做时我出错不断，提交的申请动不动就被驳回，信息老是填错，一边羞愧一边怕被责备。但辅导员老师脾气很好，总是细心提醒反复指导，也激励我更加认真地去学习和进步。还有一起共事的学姐，待人温柔而且业务能力很强，平时有问题我总求助于她，她都能轻松搞定。就连向她咨询一些学业上的问题，她也慷慨分享经验，这么好的伙伴真得让人工作的时候也充满力量！

担任就业助理还有和毕业学长学姐直接交流的机会。有一次，我的工作是联系已经毕业工作的校友，咨询一下他们最近的就业动态。其中有一个很和蔼健谈的学姐，当得知我是同院学妹后，她开始聊起了本专业的就业情况，告诉我除了专业课一定要多扩展自己的知识面，因为她走上岗位之后发现自己的知识储备不充足，即使读了研究生还是需要不断更新自己，所以在工作一年后又准备开始转个方向读研究生；还有个学长谈到自己本来要出国，但是被疫情耽搁太久，又觉得现在的经济形势不好，准备再去考公务员。他们的语气里多了成年人的苦涩与无奈，当时的我还未考虑过就业，对校园外的生活仍一片茫然。我意识到这些问题也在不远的将来等我，让我也多了理性的思考。但我相信，当下的努力，一定不会让未来的自己失望！

遇见你的时光很美

一路走来，看到自己成长的足迹，我觉得勤工助学于我不仅仅是一份兼职，更像是一门有趣的综合实践课，它内容丰富却也充满考验，让我对事物的看法更加深刻和立体化。虽然它没有学分，无关绩点，但是它对我的影响超越了课本上的定义和公式。可能不经意间，自己的思维、习惯、视角都已被它渗透影响。

我是一个愿意去体验新事物的人，做内容新奇的工作、结识更优秀的朋友、参与自己生活之外的事，都让我乐在其中。对我而言，勤工助学不仅仅意味着一份赚零花钱的兼职，更是对自己的挑战和历练，从中体会到了自我成长的快乐，拥有了无数珍贵的回忆。在最好的青春里，勤工助学让我遇到许多可爱的人，也遇见了最好的自己。

作者简介

刘倩茹，女，食品科学与营养工程学院食品科学与工程专业 192 班学生

勤工助学，筑梦育人

王晨曦

勤工助学，勤于工，助于学。工作环境中，兢兢业业的工作者是榜样，教会我们勤劳踏实；工作过程中，有序的工作流程是保障，锻炼我们的细致耐心。

勤工助学的前世今生

第一次世界大战结束后，许多思想先进的中国青年学生漂洋过海，寻改造中国之梦于欧洲。有志青年在法、德、英国等地形成了勤工俭学的热潮，史称“旅欧勤工俭学运动”。这既是数千名中国青年直接考察欧洲社会状况的难得机遇，也是当时中国社会与西方世界直接交流的重要渠道。曾经，“勤工俭学”这一特别的实践为中国革命积蓄力量。现在，勤工助学是高等学校学生资助政策体系的重要组成部分，是提升学生综合能力和素质的有效途径，是实现全程育人、全方位育人的有效平台。作为资助育人的重要环节，它帮助中国新青年在新的平台上磨炼意志，提高才干，积蓄力量。

我与勤工助学

犹记新生入学的第一个学期，我就体会到中国农业大学对学生资助工作的高度重视。老师们不仅进行宣讲，同时给每一位同学都配备了介绍资助政策的“掌中书”；每次班会课上，班主任也都会温柔地说：“如果有任何困难，都可以找老师和学院联系寻找问题的解决办法。”这样贴心负责的话语使我深深地感受到学校对每一位求学青年的关心爱护。

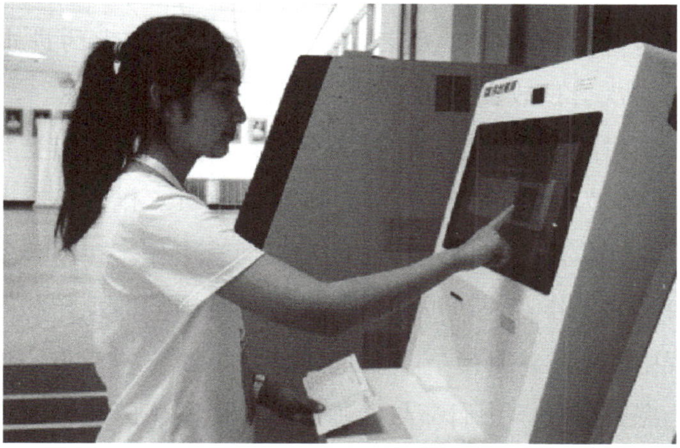

学校内的勤工助学岗位包括固定岗位和临时岗位，在校园网上发布的通知清晰地介绍了工作的内容和地点，且时间灵活，在期末考试周不安排工作，让同学们完全没有了后顾之忧。我印象最深的是大二在本科生院的临时勤工助学经历。当时学校配备了新的报到注册设备，系统升级后，为了方便同学们掌握操作方法，学校安排我们预先试用设备，不仅需要拍照录像记录注册流程，还要用文字描述操作过程作为操作指南，并对存在的问题提出建议。本科生院的老师耐心地解答各种情况的处理办法，如人脸无法识别、机器卡顿等，工程师也全程在场不断调试改进。待同学们陆续返校注册时，我们便在机器旁边指导大家，保证注册工作的顺利进行。

这一过程中，最初简单介绍工作内容、开始工作并在群内随时交流沟通、完成后登记核对工作时间的工作流程让我明白了每一份工作都需要细致严谨的工作态度；最初进行设备试用和调试，同学们报到注册，然后反馈问题并寻求解决办法的工作步骤使我感受到学校在提高办事效率和同学满意度这两个方面做出的努力。在这次工作之前，我很少关注各项校园服务的升级，但在这之后，我对更美的景色、更舒适的环境、更便捷的操作、更贴心的服务有了更深的感恩。很多细微的变化是老师同学们服务大家真心的付出，那些大的进步更是多次协商讨论、多次尝试改良的结果。

这一次临时的勤工助学，让我充分融入校园之中，感受到了如家一般的温暖。但作为行政助理的工作，则帮助我对工作责任有了更深的认识。我与室友都作为行政助理参与过勤工助学工作。在办公室中，我们一边处理自己的工作，一边可以零距离观察老师们的工作状态。老师们在工作过程中的细致认真形成了我们对于“事业”的初步印象。在办公室中与在上课教室中，我们都与老师同在，但锻炼的能力大有不同。勤工助学搭建的平台仿佛在校内构建了一个小的实习基地，我学习到的是责任和担当，必须充分发挥主观能动性才能更好地完成工作任务。

我相信新时代的勤工助学也会培养出一批有责任、有情怀的中国新青年，不忘初心，牢记使命，为社会发展进步和祖国建设事业贡献自己的一份力量。

作者简介

王晨曦，女，食品科学与营养工程学院食品质量与安全专业182班学生

我与中以楼 A105 的故事

◈ 姜燚萍

时光荏苒，似乎自己昨日刚步入大学的校门，转眼间大学生活就已过半。在大二下学期，抱着试一试的想法，我向学院上交了自己的报名表，申请勤工助学。一来，我希望充实自己的课余生活，自食其力赚些零花钱；二来，我想通过当老师的助管，了解老师平时工作的日常，学习他们平时待人接物的方式方法，这对自己也是一个很好的学习和进步的机会。

报名过程进行得比较顺利，我被分配到的岗位是办公室助理，主管老师是我们年级的辅导员，工作地点就在中以楼 A105 办公室。因为之前与主管老师有过一些接触，所以我们沟通协调排班的过程也十分顺利。在值班时间方面，主管老师给了我很大的自主选择权，我选择了利用每周八个小时的课余时间过去值班，就这样，我开启了与中以楼 A105 的故事。

初到工作地点，我的感受便是环境和氛围特别好，有一张很大的办公桌可以给我使用，同办公室的两个老师也十分热情和蔼。我的日常工作是帮助主管老师整理一些文件资料，统计修改一些数据，还有取送文件，主管老师给我安排的工作量也很适度，在工作之余，我可以在办公桌上写写自己的作业，也可以时不时地和老师们唠嗑几句。主管老师很贴心，会时常给我塞一些小零食解解馋。总之，与我之前想象的繁忙或枯燥无趣的勤工助学工作不同，我真正接触到的勤工助学工作给我的体验是极好的，在严肃认真中又不失几分有趣与惬意。

当然，在办公室当行政助理带给我的体验与感悟不仅仅是这些。通过这一段勤工助学的经历，我渐渐了解了学院辅导员老师的日常工作，耳濡目染了他们待人接物的风格与方式，也更加钦服于他们的工作能力和个人魅力。特别是，我感到辅导员老师的工作真的挺辛苦，需要在一段时间内同时处理许多大大小小的工作，他们不仅需要了解这些事情的进展，还要保持思路的清晰，根据轻重缓急给事情排序，同时还要策划开展许多大小活动。所以在我看来，辅导员的工作真的十分考验与锻炼人，需要很强的组织协调能力、很好的表达沟通能力，更重要的是需要有极致的耐心与细心。这些都是我在工作中从主管老师身上看到的、感受到的，也希望自己能够向老师学习，无论在生活、学习还是以后的工作中，都能找到自己的节奏，不急不缓，张弛有度，在自己的工作岗位上尽心尽责，发光发热。

似乎已经渐渐习惯下课后前往中以楼 A105，那个办公室对我来说好像已经不仅仅是一个工作地点，还是一个自习室、一个沟通想法的场所，更是一个体验和学习提升的地方……

作者简介

姜燚萍，女，水利与土木工程学院水利水电工程专业201班学生

勤工助学中的小美好

◈ 拉琼卓玛

励志剧或者励志文章里总有主角刻苦学习、利用闲余时间去努力挣钱的情节，我看过诸如此类太多的励志情节，一边吐槽却又无数次幻想自己也能够像故事主人公那样一往无前。我向往这样的经历——或许我的大学生活也会是如此这般精彩，或许我也能够凭借自己的努力减轻父母肩上的重担，或许我也能够独立自强，勇敢实现自己的愿望……

我其实是一个不太自律的人，有很多空闲时间明明可以去和朋友畅聊明天，也可以去做一些自己想做的事情，但总是被小小的电子屏幕吸引，过后又心慌意乱。我想或许将自

己的生活变得更加充实，就没有时间去沉迷于各类短视频和游戏了。我已经是一个大学生了，也该学会自立自强。大学时光里，我想去体验京城文化，想在有限的时间内去看看祖国的大好山河。可是我不想再向父母索要金钱去实现我所谓的“愿望”，既然是自己的愿望就要自己去实现，这样才更有意义。时光易逝，岂容我待。这学期伊始，我决定将试想过很多次的场景付诸行动，抓住学院提供的宝贵的勤工助学机会，去锻炼自己。

我被分配到的工作是实验室助理。开始我是很忐忑的，怕自己马马虎虎的性格弄坏实验仪器之类，有些过于担心。但在我第一次跟着学姐做完实验时，我所有的忧虑都不翼而飞。其实这份工作并没有我想象得那么困难，学姐认真地向我讲解了实验流程，接下来就是配合默契地完成实验。实验内容很简单，在不同压力下记录水的流速，但只要我一分心，就容易超过取量筒的时间，或记录错误的数值，导致一组数据作废。在第二次取得错误数值时，我不禁感到羞愧，可学姐只是笑着说“没事的”。连续两次的错误操作对实验结果肯定有较大影响，我不敢再分心，更为认真地继续做完了实验。第一次帮助完成简单的实验，从实验楼到学校食堂的路上，微风甜丝丝地从我耳旁吹过，我看到鸟儿跳跃在树梢，春日最好的阳光照耀在我身上，我走的每一步都轻盈而欢快，眼里是藏不住的笑意。生活中的小美好是可以让我维持很久的能量来源。此后每次去帮学姐做实验时，我都觉得很有动力，也觉得实验的过程还是挺有趣的。一个月的工作之后，当收到信息，知道自己的账户多了几百块钱时，我的心底慢慢生出自豪感，这笔钱不仅是物质财富，更多的是对我劳动的肯定与鼓励。

饮水思其源，回想自己勤工助学的经历，我更多的是感激。虽然任务难度不高，薪酬并没有很多，但对于真正经济困难的学生会很重要，能减轻很多生活负担。我很荣幸能够有机会参加勤工助学，虽然最初是以获得钱财和充分利用空闲时间为目的，但我知道自己收获的绝对不止这些，它更给了我耐心、与自己心平气和相处的时间、职责意识，还有感激之情。乘风好去，长空万里，直下看山河。第一次往往最需要勇气，它是探索，是挑战，是机遇，但第一次带给我们的也往往是最意想不到的收获。第一次勤工助学是我迈向独立生活的新起点。希望我们都能不放弃对生活的热爱和执着，永远心怀热忱！

作者简介

拉琼卓玛，女，水利与土木工程学院水利类专业215班学生

在心上种朵花

聂怡惺

“恰巧阳光正好，照到坡上的屋脊，照到一排白杨，照到一方方水塘，照到水塘边的水草，照到匍匐的蕨类植物。照到油菜，小麦……”

——《横店村的下午》

不知道从什么时候开始，读到这句小诗时，脑子里闪过的不再是家乡的杜鹃花海，而是校园操场转角处的雪柳、含苞待放的海棠、摇摇曳曳的丁香……我曾想过这样一个问题“大学是什么?”或许作为一个大学生，问出这样的问题显得实在有些迷茫过了头，但是所幸我在勤工助学的路上找到了这个问题的答案。

杨绛先生说：“一岁有一岁的味道，一站有一站的风景。”于是乎，我便在这份工作中去寻找新的岁月和风景了。我的职位是办公室助理，可能是由于这段时间的特殊性，我从接触这份工作开始，就遇到了很多在大学中闪闪发光的人——有崇德先锋奖学金的获得者、绩点三点八几的研究生、“互联网+”大赛的参与者……古话说“蓬生麻中，不扶而直”，看到了这么多优秀的人，我不禁也去想成为一个优秀的人。在现在这样一个时代，我和大多数被带进时代旋涡里的人一样，既“卷不动”又“躺不平”。可是，生活不应该是由发自本心的力量来驱动的吗？生命就应该平和地接纳，不屈地奋斗，坚定地前行，如一泓清泉，静水流深，长成属于自己的样子，而这一切只是因心向阳，无惧无伤。

林清玄先生说过“做生命的减法”，我想这种思想大概如苏轼诗词里的意境一般：细雨斜风作晓寒，淡烟疏柳媚晴滩。入淮清洛渐漫漫。雪沫乳花浮午盏，蓼茸蒿笋试春盘。人间有味是清欢。至于为什么会报名勤工助学，是因为我上学期的绩点并不好看，所以我想用勤工助学来约束自己，让我日常生活中更加有规划。实际上有没有作用呢？我可以给出肯定的回答，因为这份工作，我会准时起床，能准时吃饭，与其把时间花在手机上，倒不如做点有意义的事来约束自己。或许有人会问：“这不是在做加法吗？”是的，这是生活里的加法，却是生命的减法，生命的律动从来不单单是吃喝玩乐，而是“等闲识得东风面，万紫千红总是春”的欣欣向荣。生命的减法，可以是睡前默读的一篇小诗，这是心灵的涤荡；生命的减法，可以是运动之后的身体，这是在劳累之后的又一次充沛。

于我而言，勤工助学的工作或许不单单在于学到的办公技能抑或是工作能力的提升，更重要的是心境的变迁，我知道了“道虽迩，不行不至；事虽小，不为不成。”之后，独处陪伴我的不再是一个接一个的短视频，而是看书里的小诗，写一棵稗子的春天；也明白了“若你决定灿烂，山无拦，海无遮”，所以热爱生活不再是口号和遥不可及，而成为习惯、成为自然。勤工助学，如果要打个比方的话，我会说，它是唤醒冬眠动物的春风。

阳光照在椅子上，如果我愿意，椅子是我的，阳光也是我的。

作者简介

聂怡惺，女，水利与土木工程学院水利类专业215班学生

自立自强，感恩热爱

任佳慧

我是从大二开始勤工助学的，在这近一年的时间里，我学到了许多课本上没有的知识，也有了许多心灵上的感悟。

《一起来看流星雨》是一部在我童年时火爆一时的电视剧，剧中的女主角楚雨荨在进入大学学习后，为了补贴家用，在一家奶茶店兼职。主角面对生活的乐观、勇气以及她的坚韧不拔给我留下了深刻的印象，当时的我心里想着：自己要向她学习，面对困难不气馁，要有自强不息的决心和毅力。在上大学之前，每个月母亲都会给我三百元的生活费，这些生活费对于一个生活在四五线小县城中的高中生是绰绰有余的。在考入中国农业大学后，随着城市消费水平的提高，母亲给我的生活费也涨到了每月一千二百元。或许对于一些家境比较富裕的同学而言，这些钱并不算什么，但对我而言，这些钱让我有了深深的愧疚感甚至是负罪感，因为这让我感到我给家里添了麻烦。虽然母亲每个月都会提前把钱打给我，并不需要我主动开口，但是我的心里却依然像是长了许多尖尖的小刺，它们总是在某个时刻深深地扎进我的心里。每当这个时候，我总会想，我该怎么做才能减轻家里的负担，怎么才能在这个以学习为主要任务的阶段赚取一些生活费。这所大学给了我新的希望，学校的勤工助学制度在很大程度上为我抚平了心中的忧虑。

在大二秋季学期，我向校工会投递了勤工助学的申请。在经过汪老师的面试后，我也成功进入工会工作。在工作之前，我的心中是忐忑的，我怕表现不好会给校工会的老师留下不好的印象，我更怕会因此而辜负汪老师对我的信任。但进入办公室开始工作以后，我才发觉是我多虑了。校工会的各位老师都很和蔼可亲，除了有工作上的需要，我一般都会在工位上学习，偶尔也会和老师们交谈。在校工会工作期间，各位老师对我既有生活上的帮助，也有心灵上的宽慰。大二春季学期，我申请本学院的勤工助学。一开始由于时间上的冲突，负责老师通知我可能会因为没有合适的工作时间而只能下学期再进行勤工助学。当我听到这个消息的时候，心里无疑是难过的。但是在牛文娟老师的帮助下，我还是成功地得到了本学期的勤工助学工作，在此也非常感谢牛文娟老师。

勤工助学让我有机会依靠自己的能力养活自己，这给了我很大的信心，让我对未来的生活更加期待；它也增加了我的社会常识，锻炼了我的工作能力，为我以后步入社会打下了一部分基础；它还增强了我与人打交道、沟通交流的能力，这对性格比较内向的我有很大的帮助。我通过勤工助学还体会到了母亲工作的不易，理解了母亲这么多年以来的辛劳，这帮助我养成了不随意挥霍、不浪费的品德。

勤工助学益处多多，唯一可能不太理想的地方就是与学习会有一定程度的冲突。但是，人生路漫漫，我们经常要面对选择，也经常要对两件事权衡利弊。处理好勤工助学和学习的关系不仅会丰富我们的大学生活，还能培养我们处理事情的能力。

“大学是什么，大学是一家藏书丰富的免费图书馆，一群前途不可预知的朋友，一口行走江湖的底气。”勤工助学已经成为我大学生活中极其重要的元素，它让我的大学生活更加丰富，为我未来的人生道路去除一部分荆棘。

愿我们都能怀着感恩与热爱的赤诚之心拥抱生活！

作者简介

任佳慧，女，水利与土木工程学院农业建筑环境与能源工程专业201班学生

平凡的工作，不平凡的感悟
——勤工助学二三事

◈ 马青青

9月，我满怀梦想与期待步入人生启航的地方——中国农业大学。忽而之间，半年多的时间过去了，我学习、工作、活动，不断地提升自己，也曾有幸参与了一学期的勤工助学工作，担任辅导员助理。回顾这一学期的勤工助学工作，本来只想挣点生活费的工作却给我带来了不一样的进步，也很感谢学校能够为我们提供勤工助学的岗位。

某天下午，我正在悠闲地刷着手机，学校的企业微信突然弹出勤工助学岗位招聘通知。我点进去看了看然后退了出来，想报又不敢报。想报，是想靠自己的能力为父母减轻一点点的压力；不敢报，是怕自己做不好。当我的犹豫之意就要变成“不报”之时，班主任给我发的微信消息将这个犹豫拉回了“报”，正所谓选择就在一瞬间。我可爱又负责的班主任将那条让我犹豫的推送私信发给了我，并且带上了一句“我觉得你很适合”。他的肯定给了我自信，我突然觉得我可以胜任，或许我对办公软件并不是非常熟悉，但也略知一二，不会的地方我可以学。我与勤工助学的故事就从报名表邮件发出的那一刻开始了。

带着紧张又期待的心情，我走进办公室开启了自己的第一次值班。那天走在去值班的路上，我感到风都是甜的，看着天上自由自在的云，我觉得自己也是如此自在。我在路上幻想着要怎样开始工作、怎样做好工作、怎样跟办公室的老师和学姐打招呼，并在心里一一预演。走进办公室后我却发现空无一人，由于学姐和老师都在西区，我心里的预演没有派上用场，第一次平凡又紧张的工作就这样开始了。每周一下午我会固定到办公室值班，等待辅导员给我派发任务去完成，空闲的时间我可以看看书、做做作业，也不会耽误学习。做文档、做表格、统计资料这些工作使我对办公软件的操作越来越熟悉，跟大家的交流越来越自然，我明白我在一点一点地进步。因为辅导员助理这个勤工助学工作，我有机会锻炼自己变得更加外向，更加熟悉各种电脑软件的使用，同时也学会了合理安排时间，分清轻重缓急，妥当处理每件事，在老师要求的时间之内将所有事情顺利地完成。我明白凡事要及时处理，不能拖延，否则手头堆积的事情太多就容易遗漏，也容易堆积出问题，影响后续工作的开展。

在这个过程中，我看到了背后为学生工作而努力的老师和学姐，每次有同学求助，他们总是非常热情且有耐心地解决问题、收集资料，真心地为同学着想、为同学服务。我跟他们没有一点距离感，跟这样可爱的老师和学姐在一起工作也让我感受到了奉献的快乐，看到了每个人在生活中更鲜活、更真实、更温暖的一面。我认真地完成学姐布置的任务，同时也感受到踏实生活、享受工作、与人为善就是人生的价值所在。我对学生工作的烦琐早有耳闻，但当自己亲身经历的时候才更深切地体会到老师们背后付出的心血和那些看不到的辛勤工作。

这是一个无比平凡而又不平凡的工作，我很珍惜这个机会。它让我用自己的能力为父母减轻了一点点的负担，也让我通过工作的点点滴滴，逐渐充满了感恩。我感谢学校给予我这个机会，感谢老师们为学生工作的所有付出。这份工作提升了自己的交流办公能力，使得平凡的自己又往前走了一小步。

作者简介

马青青，女，土地科学与技术学院土地科学与技术专业212班学生

特别的缘分

◈ 杨小强

每个人的大学都有一些难忘的事，对于我而言，学生助管工作必然是我大学生涯中最难以忘怀的经历之一。

缘起：初识勤工助学，让我找到价值感和归属感

说到和勤工助学工作的缘分，有一段小故事。大一第一学期结束后的寒假，我在一次偶然的机会下帮助老师组织了一次评审活动，这是我第一次接触勤工助学工作，当时我对它并不了解，只是简单地想在空闲时间赚点零花钱。两天的工作量并不是很大，只是没想到，在工作结束之后，老师对我的工作给予肯定，并问我愿不愿意第二学期去做固定岗的勤工助学工作。作为一个当时处在边缘状态的大一新生，这份肯定让我受到了莫大的鼓舞，就像一段振奋人心的旋律，在我迷茫的时刻，给我带来信心和归属感。

结缘：了解勤工助学，让我增长知识自我提升

学生助管工作是学校勤工助学工作的一部分，是提高学生综合素质和资助家庭经济困难学生的有效途径，是实现全程育人、全方位育人的有效平台，不论是在助困还是在育人方面都发挥着极大的效用。在本科生院做了三个学期的勤工助学工作后，我也算是一名颇具经验的“老”助理了，基本能够完成老师布置的工作，给老师工作上提供相应的帮助。这三个学期不论从知识能力层面还是视野格局层面，对于我而言都有了很大的提升，同时，在这个过程中也发生了很多令我印象深刻的事。

纸上得来终觉浅，绝知此事要躬行。

我做得最多的工作就是整理 Excel 表，但是在最开始的时候，我连 VLOOKUP 函数这个功能都不会用，还是老师一步一步演示给我，让我在工作中的效率有了很大的提升。之后，我也在网上学习了很多关于办公软件操作的知识。我认为所谓在工作中的成长，并不只是你在工作过程中学到的单纯的技巧，而是以工作中遇到的问题为引子，实现自我的学习与提升。当然不止于助管工作，在大学的任何课程、任何工作，老师都不会是帮你解决问题的主力军，你的自学能力需要被极大地挖掘出来。

爱迪生说过：失败也是我需要的，它和成功对我一样有价值。

在我的助理工作之路上，有一件事让我难以忘却。那次老师让我整理一份材料，后续要发到各个学院，我遇到了可能是我迄今助管工作中最大的一次工作失误：没有写任何正文，直接将材料打包之后发送出去了。还好老师发现得及时，但邮件已经无法撤回了，老师补充群发了一份关于材料的文字说明。虽然老师没有批评我，但我还是感到非常自责。通过这件事，我认识到了我在真正的工作场合有多么的

“憨”，尤其是对邮件这个比较正式的社交工具的交流技巧更是一窍不通。在工作中发的邮件不仅仅代表的是你个人，它有一套交流礼节需要注意。从那之后，不仅是对工作过程中的邮件处理，还是对学习课程中的邮件处理，我都有了一定的章法。在助管工作过程中，从 Excel 的格式排版到一个文件的命名、从撰写一篇新闻稿到完成一篇微信公众号推送，我学到了许许多多的东西，也注意到了很多自己平时从未关心过但却很重要的小细节，这些东西都将使我受益终生。

缘定：感谢勤工助学，让我收获真情和自我成长

去年，本科生院换过一次办公室，在搬桌子的时候，老师对我说：“这就是咱们以后的家了。”这句话让我感动至今。三个学期，每周 6～8 小时，说长也不长，但是却让我有了一种归属感，本科生院的办公室是我除了宿舍之外待得最久的一个地方。

学生助理工作，在于助困更在于育人，二者都让我收益良多，我相信在大学的这段学生助理的经历将是我平淡的大学生活中不多的亮点之一。我不仅获得了劳动的报酬，还锻炼了自立自强的品质，更重要的是，我收获了真挚的感情和自我的成长。

我要特别感谢本科生院的李璐老师、仇莹老师和张清学老师，是他们的包容与信任，让我可以在大学期间有这么一个好机会锻炼自己。如果可以，我希望让学生助理的身份陪我走过整个大学。

作者简介

杨小强，男，土地科学与技术学院土地科学与技术专业 201 班学生

逆风飞翔，破茧成蝶

◈ 李琳秋

入学的第一年我就参加了学校的勤工助学，岗位是校党委宣传部的宣传助理，平时的工作主要是协助办公室老师运营公众号。在这个岗位上我学到了很多，也收获了很多。

现在距离我开始做这份工作已经过去整整两个月了，我从最开始对运营公众号的一窍不通，到后来即使不看教程也能成功编辑一篇微信推送而不在字体、格式上出一点错误；从进门前反复确认门牌号码，到现在轻车熟路地走进主楼的办公室；从最开始的为生活费发愁，到现在可以在买一些自己很喜欢的东西时没有那么多的顾虑。这些体验、这些改变对于我来说都是很新奇的。

我是一个来自农村的孩子，热爱那火热的乡土气息、热爱烈日下金灿灿的稻田、热爱玉米田里放声歌唱的蟋蟀。可比起这些我从小见惯了的场景，更令我向往的是大学生活：树林中，同学们尽情谈天说地，欢声笑语；操场上，同学们用力奔跑，尽情挥洒汗水；自习室里，同学们安静地努力学习……于是我努力，我奋斗，终于如愿考上了中国农业大学。可为了我，我的家庭付出了太多，来到这里我只能节衣缩食、省吃俭用，在生活贫苦的现实下我渐渐失去了追求青春的勇气……直到开始了勤工助学的工作，我才明白，谁说只有轰轰烈烈的才叫青春，青春没有模板。如今，我每天上课学习巩固知识，勤工助学缓解生活压力、积攒工作经验。每次静静走过校园，感受着春风的和煦，感受着小草的平静，我这样安静的也叫青春！

勤工助学带给我的收获主要有两个方面：一方面就是经济上的收益，这个收益对于作为学生的我来说可以很显著地提升我的生活质量，我可以去培养一些兴趣爱好，可以有一笔花起来没有任何负担的钱，这个在之前我是完全没有体验过的；另一方面就是收获了一些很宝贵的工作经验，这些经验将来不一定能写进简历，但是却让我拥有了自信，让我不论在任何时候都能更勇敢地承担责任。通过勤奋劳动获得酬劳，这足以证明我做事情的成功，足以让我拥有一份自信，这种感觉非常好。

谁不希望人生是一场圆满之旅，但总有些东西束缚我们渴望奔跑的双腿，试图阻止我们前行。勤工助学的岗位给困境中的学子带来希望和帮助，我们凭借着坚强奋斗的意志逆风飞翔，我们借助勤工助学的机会破茧成蝶，我们在贫困中继续前进，我们逆风依旧昂扬！

作者简介

李琳秋，女，信息与电气工程学院计算机类专业211班学生

勤工助学

——展示才能的舞台

张若妍

大学生不仅仅要会做学问，还要能解决实际问题。作为农大学子，我时刻将“把论文写在祖国的大地上”这句话铭记在心中，除了将学生的本职工作“学习”做好外，还尽可能地参与到各项实践事务中去。受疫情影响，很多校外的活动都无法开展，而校内的勤工助学岗位恰好能满足我做实事的愿望，于是我成了园艺学院的资助助管。

勤工助学之所需

由于所学专业偏学术研究，平时我多半时间不是在遨游书海就是在潜心实验，缺少与人沟通的机会。对我来说，资助助管的工作是一份乐趣、一份盼望。在这个岗位上，我常常期待会有什么新的任务出现，老师又有什么新的工作要交给我。因为和就读专业所要面对的情境完全不同，勤工助学给我的生活增添了很多别样的色彩。虽然在这个岗位上时间不久，但我学到的东西却值得刻在脑海里。这份工作给我提供了很多人际交流的机会，哪怕是简单的递送材料，也是在考验我。我需要和对方协商时间，考虑自己的语言是否得体、肢体动作是否礼貌。助管工作也提高了我合理安排时间的能力，当老师把任务布置下来的时候，我要根据轻重缓急以及自己的学业事务调整做事的先后顺序。最重要的是这份工作给我带来了责任感，学业怎么说都是自己的事情，好坏结果都得自己承担，而助管工作需要我有强大的责任心，因为这不光是我一个人的事情，假如我这一环节没及时做好，其他老师和学生都会被波及。为了能成为一个可靠的、老师信得过的人，我必须为自己的工作负责，认真完成每一项事务。大学四年匆匆而过，我即将从象牙塔走向社会。勤工助学是一个非常好的衔接机会，帮我从学生的身份过渡到工作者的身份。

勤工助学之所得

虽然助管工作细碎繁杂，但我在这段时间里收获良多。首先是事成之后的幸福感，当看到学院的某项事务因我的存在有条不紊地进行，当看到同学因我的付出得到便利，当看到老师的工作量因我的帮助得以减轻时，这种自豪感便油然而生。其次是来自学工办老师的照顾，在和他们一起工作的时候，他们总是尽可能减轻我的工作量，还常常和我交流，给予我学业、生活上的建议，让我感受到了来自学院的温暖。当有其他同学来办公室找老师的时候，老师也总是耐心解答，没有距离感。能和如此尽职、温柔的老师一起工作是一件非常幸运的事情。再次是在这份工作中，我认识了更多的人，拓宽了自己的交友范围。最后是这份助管工作给我提供的物质帮助，这是我第一次靠自己获得金钱回报，这种成就感和花来自家里的生活费是截然不同的，能够用自己的努力减轻家里的负担令我倍感自豪。

勤工助学给了我一个展示自己才能的机会，工作有付出也有回报，让我的大学生活不止于眼前的书本，还有很多很多。

作者简介

张若妍，女，园艺学院园艺专业 182 班学生

多彩助学

◈ 邓 笑

2022年春季学期，我已经步入大三下学期。按照规划，大四我会找份实习工作，应该就不会再做助管了。算起来，从2020年10月一直到2022年6月，我参与勤工助学将近两年时间，一直想写些什么来总结一下这两年的经历，正好借这次征文机会，回忆一下这段时光。

初识

2020年10月，大二上学期刚军训过后没多久，我第一次在学院网站看到了“勤工助学”的通知。想着趁年轻多经历，我报名参加了面试。因为对于我来说，哪怕面试失败，我也有了一次面试的经验，也算一种收获。很遗憾，我确实失败了。又想着失败了也要弄明白失败的原因才能有收获，于是我主动找到面试老师，表达了我真的很想做助管，并询问了失败的原因，表示自己下次会努力。一天后，因为一个大四学姐没有时间继续办门禁的勤工助学工作，所以面试老师找到我并把这个机会给了我！我如愿以偿，终于加入了助管的小群，成了“勤工助学”大家庭的一份子。

第一年

第一次办门禁的时候，我打电话询问“退役”学姐操作流程，然而，因为经过了寒假、因疫情在家学习的学期和暑假共大半年的时间，她也记不太清了。于是我费了九牛二虎之力和老师一起摸索，经过反复试验，花了一上午终于搞清楚了操作流程。这也是我第一次意识到，在任何岗位，为了别人和自己方便，做好工作交接是多么重要。我立即手写了一份清晰的操作流程图，后来果然在新生开学、我还没返校的时候派上了用场。同样地，这个“小”意识也在我所在的班级、学生会等团体写证明材料时发挥了“大”用场。

在弄清楚操作流程之后，我正式上岗了。

办门禁这个岗位会接触到很多学院的老师和同学，但都不会有深入了解，我倒是和热心的“同事”东北大爷熟了起来。直到现在，只要一进学院，大爷还会和我热情地打个招呼，园艺楼也从严肃变得可爱起来。

当然，勤工助学最明显的收获是工资报酬。工资虽然不是很多，但是在我心里，是我付出劳动获得的报酬，是我此生获得的第一份固定工资。我也凭着这份固定收入，一年后给父亲买了一份生日礼物。终于不再是用他给我的生活费给他买礼物。他特别开心，除了发朋友圈炫耀外，还和亲朋好友聊天炫耀。哈哈，能给父亲送礼物我也特别开心呀！

第二年

大三我又去参加了面试，终于如愿成为“正式工”。如果说之前办门禁的时候，只是基本上认识了学工办的老师，成为“正式工”之后，我们便是相熟相知了。以前只是觉得她们看上去很漂亮，后来才觉得她们在工作上也是端正认真、干练精致，在生活上更是温暖可爱、散发光芒。

J老师知道我是园林专业的学生，会给我一些设计方面的工作，希望我参与设计、成长收获，比如学院的宣传视频、宣传手册、教师节贺卡、国际会议展板。平面设计其实并不属于我的专业范畴，我最开始只是觉得这样的工作比单纯处理Office软件有意思，于是乐在其中。然而后来，一方面，在制作过程中，我确实学到了一些平面设计技巧，比如如何强调突出主题，这样的经历对于我的专业作品集排版也是有益的。另一方面，在制作之后，我也有了可以拿出去的作品给别人看。大二我曾想报名一个团体设计项目，但是除了专业作品我什么也拿不出来。大三“兴农杯”一个项目负责人想让我加入他们团队，让我给她看一些我做过的设计。当拿出教师节贺卡等学院设计作品并得到认可时，我才深切感受到J老师的良苦用心，并由衷地感谢她。

T老师知道我是班长，会把看到的班级荣誉评选通知都转发给我，在我做好答辩PPT之后，会帮我把关PPT，讲解答辩技巧，在她的帮助下我们班斩获了三个校级以上的班级奖项，我也非常感谢她。和我一个办公室的是Z老师，她温柔美丽，每次上班，都会甜甜地打声招呼：“笑笑来啦！”我也会高兴地回一句：“来啦！老师好呀！”前两天从朋友圈看到她结婚了，特别替她开心，与她一同感受着幸福，也为她送上了一份真挚的祝福。

尾声

想起最开始班里一个同学听说我在“勤工助学”时，对我说“有时间还不如多学习，别为了一点钱就浪费时间。”他不懂，然而我却明白，如果我没有做，我一定会后悔的。我很感激这份经历，无论是遇到的人、固定工资，还是成长收获，我特别开心在大学期间能够融入“勤工助学”大家庭中。

大学在我眼里一直是五彩缤纷的，除了学习，正值青春的我们更应该去体验更多的可能性。感谢勤工助学，为我的大学经历增添了很多色彩。

作者简介

邓笑，女，园艺学院园林专业 191 班学生

疫情下的冬天不冷

李学士

作为一名来自祖国西部一个小城市的学生，从小学开始的营养午餐计划到报志愿时的国家专项计划，再到大学里各种各样的资助政策等，我的求学路上满满都是国家不同层次的资助政策的关怀。

2019年，我通过高考，依靠国家专项计划，幸运地来到了农大。我的家庭经济情况不是很好，当时还有过一些顾虑，不过很快这些顾虑被打消了。因为随着EMS一起到来的，不仅有一封录取通知书，还有一本资助手册。它系统详尽地介绍了学校的各种资助政策。开学后，我顺利地通过绿色通道报到。入学后，学校也提供了助学金，极大地改善了我的生活状况。

其实从一入学起，每次看到学校勤工助学岗的招募通知，我都会及时地发送申请表及个人简历，但可能是自己所选课程过多，课余时间不足，或是缺少相关的工作经验、工作技能等原因，一直没能成功入选相关岗位。在这期间，我也不断地学习、充实自己，努力提高综合素质，为后续能够参与勤工助学做准备。

上学期的寒假，由于我参与了冬奥会及冬残奥会的相关服务保障工作，寒假不能回家，只能留在北京度过。原以为寒假能够出学校去欣赏一下首都的美丽景色，但一放假，北京的疫情突然加剧，我们也无法再自由出校。这时，学校正好开展了寒假勤工助学岗的招募，很幸运，我被保卫处的巡逻岗录用了。

这是我第一次参与学校的勤工助学，也是一次特殊的回忆。由于疫情，学校取消了线下的统一培训，大家进行了一次线上培训，然后便开始投入岗位。由于和工作搭档从未见过，我起初还有一些担心，但后来发现，我的担心是完全多余的。工作的难度并不大，主要是巡逻围墙，防止外校人员的进入，工作容易上手，看似也十分简单。通过勤工助学，我和工作搭档也有了很多有趣的交流。在岗位上时，我们是友好的工作搭档，在工作之余，我们成了兴趣相投的好友。在寒假里，我们时常一块锻炼、学习等。

在寒假勤工助学的工作中，我们还得到了保卫处许老师的关照。在春节前两天，老师特地抽出时间，带上给我们买的春联和窗花，来到宿舍为我们一一贴上，并询问了我们的生活情况。这给第一次在外过春节的我带来了很大的温暖。

这一次的勤工助学，虽然时间较短，仅有两个月，却给我带来了很大的收获。在漫长的假期中，除了能赚一份“外快”、充实我的生活之外，它还给我带来了很多乐趣。正因为这一次的特殊经历，让我静下心来，看到了学校中不一样的风景，也明白了在硕大的校园里，保护同学们的安全、落实疫情防控的不易。

在今后，若还有机会，我依然愿意投身到学校的勤工助学岗位中。因为在这里，我收获了很多从课本里得不到的东西；在这里，我知道了劳有所获；在这里，我遇到了一群有趣的人。

期待疫情过去，春暖花开。

作者简介

李学士，男，植物保护学院植物保护专业 194 班学生

勤工助学伴我成长

葛晓菲

时光悄然划过，当初怀着憧憬与忐忑步入中国农业大学的校园，一切的事物都是新鲜的。基于锻炼自己劳动能力的同时为父母减轻稍许负担的愿望，我时刻关注着学校的勤工助学岗位招聘。在到校四个学期的勤工助学面试与工作经历中，我也收获了许多，成长了很多。

勤工助学让我收获了夸奖与温暖

回望第一次勤工助学申请，那时我刚刚步入大学，认为自己的计算机办公能力等方面还有所欠缺，同时面对相较于高中突然改变的学习方式与随之而来的压力，于是选择了自己认为比较容易的报刊发行员岗位。由于迟迟未收到通知，我第一次尝试通过邮件主动联系老师，在自己查找相关礼貌用语与格式要求后，迈出了邮件询问老师的第一步。老师亲切地与我交流，解决了我的疑惑，还对我做事的认真态度进行了肯定与夸奖。学长学姐带我逐渐熟悉工作，也消除了我的紧张。

在和学姐一起工作的过程中，一次我临时有课，学姐很主动地跟我交换时间；冬天和学姐一起送报纸的时候，因为我没准备手套，她很贴心地借给我手套……初入大学的那一年，勤工助学让我收获了温暖与信心！

勤工助学让我收获全新的体验并产生对未来的思考

在计算机水平有了一定的提升之后，第二学期我选择了申请就业创业办公室的助管。在收到面试通知时，一股紧张感席卷我的全身。在和学姐确定面试时间的时候，我被她的友善所感动，这稍微缓解了我内心的紧张感。从这次面试过程中，我也领略了其他同学的从容与优秀，第一次体验了结构化面试的流程与要求，充满紧张感也充满了新鲜感。面试结束后，学姐悉心地与我们交流，给我们以鼓励与肯定。老师也在周末和我亲切交流，帮助我分析面试过程中的问题，与我交流专业的学习情况，和我探讨对未来的计划与打算。尽管最后我没有通过面试，但这些全新的经历也丰富了我的生活。在老师的指导下，我了解到正式面试的要求，也让我对自己“就业还是深造”的选择产生了思考。

勤工助学让我收获了奉献与欣喜

新学期开始，综合课表的空闲时间，也怀着努力向党组织靠拢的愿望，我选择了申请要求工作时间与空闲时间完全契合的党政办公室的助管。在工作的过程中，老师一步步教会我工作要求，并对工作过程耐心提出改进建议。我很喜欢老师像朋友一样解答我的疑惑，亲切的交流与关怀令我感动。每每收到老师和同学的一句感谢，我都感受到为大家服务的欣喜与满足。

感谢学校的勤工助学政策，感谢在勤工助学过程中遇到的老师与同学们。勤工助学让我得到了许多收获，感受到学校里的亲切与温暖，一步步成长，一点点提升，逐步让自己成为一个更好的人，成为一名合格的新时代青年！

作者简介

葛晓菲，女，资源与环境学院环境工程专业 201 班学生

我和心理中心的二三事

张子睿

“您好，请进，这里是西区心理中心。请问有什么可以帮助您的吗？”

“我是预约好一会儿进行心理咨询的。”“好的，请稍等，请问您是哪位同学呢？”……

“好的，您的咨询是和下午三点半的李老师，这边是两份初次情况登记表和咨询协议，请您浏览并填写一下，以帮助您和咨询师进行更高效的沟通，所填内容都是保密的，您可以放心。”“填写完毕后您带好这几张表，我带您去咨询室，其间有什么问题都可以向这边说明，结束后记得和这边打一声招呼。”

“……”

咨询结束后——

“好的，下周咨询还继续对吗？这边登记好了，祝您生活愉快！再见。”

这是在心理中心值班的日常——接待每一位来访的同学并引导他们顺利完成和老师的咨询。这样的工作看似轻松，拆解开却是关系密切的诸多程序，包括初次来访的登记信息、安排咨询时间，正式咨询的引导，以及结束咨询后的回访等，每一步都不容忽视。

这份工作将同学们和心理中心连接起来。这个岗位也是心理中心的“门面”，为初次到来的同学留下好的印象，带来信任。所以每一位工作人员在与不同的同学和老师交流的过程中，都要注意说话恰到好处，以及让人舒适的热情的态度，这并不是能轻易做到的，需要我们时刻保持谨慎，一丝不苟地在岗位上完成工作。

正因如此，组长会组织大家在工作一段时间后一起反思总结遇到的问题。

“来来来，大家畅所欲言，最近遇到什么麻烦的问题或者有什么更好的建议。”

“我们可以把借出去的钥匙等信息登记在本子上，这样更清晰地记录它的去向。”

“疫情期间来访，大家都提醒戴好口罩，每天记得消杀。”

“我们新购入了充电线和手机支架，这样同学在线上咨询的时候就会更舒服一些。”

“记得每天清扫咨询室的垃圾，保证第二天给来访同学一个清爽的环境，也能减轻每周打扫的同学的工作量。”

这些温柔的同事也让这份工作更如人意。大家来这里都是为了勤工助学，秉承勤于工作、乐于助人、益于善学的态度，我们成为一个颇有凝聚力的小团体。每个人在这份岗位上发光发热，互相学习更好的习惯和思想，共同为建设心理中心而服务。不论是遇到突发情况时大家的伸手相助，还是对日常困惑的不吝解答，心理中心有着一个小家庭般的温暖和关怀。

有幸断断续续在心理中心工作了一年多，即将毕业离开的我，感恩在这里遇到的每一位来咨询或是来工作的同学和老师的体贴，他们给予最开始时不熟悉业务的我以耐心，鼓励着我不断去完善自己的工作。我想，这也正是心理中心精神的体现——服务大家，帮助你我。

人间自有真情在，宜将寸心报春晖。我会携着这份善意和责任，继续昂首迈向未来。

作者简介

张子睿，女，资源与环境学院生态学专业 181 班学生

勤工助学三两事，师生共筑长久情

杨梦乔　田浩良

作为资源与环境学院5-110室的党务助管，我们主要负责辅助尹蛟老师（学院党委副书记兼副院长）和翁雨晴老师（学院组织员）开展党务党建相关工作。在一年有余的助管工作中，我们对勤工助学有了更深刻的理解——“以辛勤获帮助，以工作促学习，以理解换进步。”勤工助学是学校为我们搭建的增强劳动意识、培养自立精神的实践平台，在这个平台上，我们持续地探索着、寻觅着，努力抓住每一个可以提升自我的机会。我们与勤工助学的缘分源于作为中共党员想要熟悉党务工作的意愿，并由此与勤工助学、与学院党委、与亲爱的尹老师和翁老师结下了不解之缘。

以辛勤获帮助

在日常助管工作中，我们两人有时齐心合作、有时分工明确。论齐心合作，帮助老师整理党员档案、撰写整理材料、协助审核申请并加盖党章、策划学院党建活动等是我们的基本功，打扫卫生、美化桌面也是我们的必修课。2021 年秋季，我们协同老师完成了以“访红迹，再忆峥嵘岁月”为主题的建党百年系列京畿红迹宣讲活动，负责拍摄的教育视频入选《百年珍贵记忆——全国高校庆祝中国共产党成立 100 周年原创精品档案》；2022 年春季，我们协助老师共同开展学院党建、美育结合的系列活动；2022 年秋季，我们还将帮助老师开展 30 周年院庆相关活动。

论分工明确，我们发挥优势，各司其职。一人凭借出色的宣传工作能力帮助老师制作海报、撰写新闻稿、编辑并发布微信推送，与老师共同探索学院企业号的编辑与运营。另一人作为男生则承担了帮助办公室接收和发送快递的任务，同时担任每年春秋季学院针对入党积极分子和党员发展对象的党课培训班的党校辅导员，帮助老师审核自学研修部分的心得体会，帮助解决同学们在入党过程中遇到的问题。

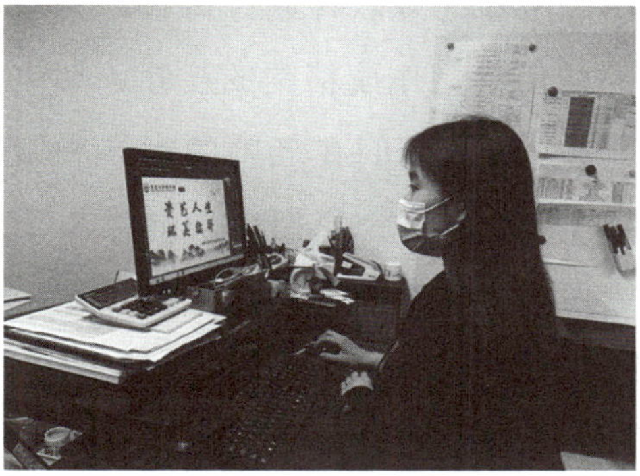

我们的辛勤工作换来了老师的理解与关怀，我们也认识到了自身的成长点滴和可进步空间，体会到了辛勤工作的快乐。这不仅让我们的工作能力和时间管理能力有了明显的进步，也能让我们在力所能及的范围内通过自身的努力为家人分担了经济压力，更进一步丰富了我们的课余生活。

以工作促学习

“工作”促“学习”，意味着我们会在保质保量完成工作的同时，通过不断学习进一步提升工作技能和效率。在一年多的工作经历中，我们常常体会到“目的导向型”学习的重要意义。以目的为导向的学习可以大幅度提升工作效率，并帮助我们以最快的速度掌握工作中的必备技能。昔时，我们只有最基本的办公软件的使用技能。而今日，我们已经能够熟练掌握 Word、Excel、PPT 等办公软件，重点是我们对于学院党委日常工作中需要处理的文件类型和格式已经相对熟悉，能够按照以往的经验根据具体的要求快速完成任务。

我们会与学院老师一同参加辅导员 Excel 技能提升专题培训，以提升效率与数据分析能力；我们会与老师一同观看教师风采大赛，从而汲取更加科学的办公方式与工作理念……如何科学利用钉钉办公软件快速准确地发布通知，如何巧妙利用 PS 图片处理软件制作海报，如何利用 PR 视频剪辑软件将学院党委举办的活动制作成精美的视频，如何高效利用网易邮箱大师软件处理邮件……这是我们在老师的指导和帮助下，逐渐通过学习而提升工作能力的过程。最令我们感动的当属翁老师曾经对我们说过的话：“每一次给你们布置通知撰写或文件整理工作后，我会再审核一遍，有时付出的精力会比我自己直接去做还要多，但在这个过程中，你们通过思考、实操可以得到锻炼与提升，那就是值得的，这才是学生助管的意义。”

对于办公软件的熟练使用也对我们日常专业课的论文撰写排版与课堂汇报展示大有裨益。同时，我们也会以自己的新思想和新理念积极地向老师们建言献策，使问题得到更快地解决，让工作效率尽可能地提升。老师们往往也会虚心和我们共同探讨工作方案，形成了师生互助、共同进步的良好工作氛围。如今，在面对从未接触过的工作内容时，我们不再胆怯与迷茫，而是更愿意主动学习与实践，以突破，以进步！

以理解换进步

在学院担任党务助管的一年多时间里，我们都曾面临课程占满整个课表而没有时间到办公室值班的境况，善解人意的老师们就会把值班的工作任务转换为线上任务交由我们来完成。在刚刚接触党务助管的工作时，我们会因为不熟悉工作内容而出现失误，然而，两位老师总是温柔、认真、耐心地与我们交流，告诉我们正确完成工作任务的方法，并解释应该如何避免再犯同样的错误。在老师的循循善诱之下，我们的失误次数明显减少，工作成效也在不断提升，温柔提醒也渐渐地被鼓励与肯定所取代。每一次去值班都能够有收获、有感悟、有进步，抱着认真学习的心态而去，怀揣快乐充实而归。

尹老师作为学院党委副书记，每当我们向她询问学生党支部建设的相关问题时，她都会不辞辛苦地向我们讲授很多自己在工作中的感

悟，以帮助我们在党性修养和党务工作上有质的进步。而每逢压力较大的期中考试和期末考试，老师也总是很支持我们进行考试复习，允许我们灵活协调值班时间及学习时间。正是老师们的理解和支持，让我们都在工作中不断进步着。

始终摆放在办公室的“5-110值班记录本”记录了我们一年多来的工作日程，这既是对我们工作任务和日程的记录，更是对我们一年来党务工作从陌生到熟悉的成长记录。在这里工作的一年有余的日子里，我们感到受益匪浅。期待未来在这个舞台上，我们能够继续与老师们共同完成学院的党务工作，在探索中不断前行，在实践中真正做到以辛勤获帮助、以工作促学习、以理解换进步，以绽放出更耀眼的光芒。

作者简介

杨梦乔，女，资源与环境学院资源环境科学专业192班学生；
田浩良，男，资源与环境学院应用气象学专业191班学生

教师篇

图书馆的勤工助学心得体会

徐瑞清

勤工助学，从国家和学校层面上考虑，是对在校学生的资助；从学生层面上说，是一次劳动实践活动。勤工助学学生参与图书馆的日常工作，有其不可或缺的重要作用。我负责此项工作已有一个多学期，其间经历了从招聘到活动结束的全过程，感慨颇深，收获颇多，也有了一些心得体会。在此愿意将它总结成文，与大家分享，共同进步。

细细回顾起来，图书馆是从以下几个方面完成勤工助学工作的。

一、思想上高度重视

勤工助学是学校学生资助工作的重要组成部分，是学生在学校的组织下，利用课余时间，通过劳动取得合法报酬，用于改善学习和生活条件的社会实践活动，是提高学生综合素质和资助家庭经济困难学生的有效途径。因此，必须充分理解政策精神，在学校统一组织和管理下，知道哪些事儿该做、哪些事儿不能做，配合学工部健康、有序地开展此项工作。

二、谨慎设岗

根据以往用工情况，结合本学期用工需求，我们实事求是地提出了用工需求申请，清晰明确地申明岗位职责和要求。最终，我们获得了 4 个岗位 9 个名额的设岗结果。

三、认真招聘

学校发布勤工助学招聘通知后，同学们积极响应。我们共有 4 个岗位，每个岗位都有专门的负责老师。各位用工老师都能根据自己的岗位特点，友好地与学生沟通，招聘到满意的学生，学生也找到满意的岗位，保证了招聘工作有序顺利地进行。

四、发挥勤工助学育人功能

学生初次接触勤工助学活动，多是为了解决经济上的困难。随着活动的开展、深入，学生认识到，这更是一个受教育的机会。因为我们充分发挥了勤工助学育人功能。

（1）教育学生树立责任心、自信心。学生初次接触工作，心里一般是忐忑的。我们会对他们进行培训，明确要求，告诉学生任何工作都很重要，不能含糊，使学生树立工作责任心。同时告诉学生，以他们的智商、情商是完全可以胜任工作的，增强学生的自信心。责任心、自信心是学生生存于社会的两大“法宝”，我们在指导学生勤工助学的过程中，潜移默化地输入进去。

（2）强化学生成年人的责任感和感恩父母的意识。通过课余时间的适当劳动取得劳动报酬，学生认识到自身对于家庭的责任，认识到自己有能力去减轻父母的负担，体会父母挣钱养家的不容易，强化自身的自立自强意识。

（3）教会学生享受工作带来的愉悦与满足，使学生获得满足感和充实感。勤工助学是一次社会实践活动，它让学生在学校边读书边感受社会，只有提前了解社会，才能在毕业后更好地融入社会。因此，我们在传授学生基本的工作技能时，还会教育学生要熟悉环境，处理好人际关系，提高工作效率。现在，很多勤工学生在学习之余都会自觉到图书馆工作。遇到困难，会和老师谈谈，听听老师的指导。工作中有建议，也会和老师商量，提高工作效率。这种良好的师生关系、工作氛围，使学生获得了充分的满足感和充实感，享受到了工作带来的愉悦，让学生对毕业后的工作充满了期待。

总之，勤工助学是国家关心服务贫困学生的具体举措，承载着老师、同学们的信任与支持。我们只有踏踏实实做事，点点滴滴付出，才能承担起重托，履行好使命。任重而道远，我们会砥砺前行。

作者简介

徐瑞清，女，图书馆副研究馆员

尽为稼穑承厚望，育人师德鉴初心

校友工作办公室

分五谷，勤四体，学本领，助成才，勤工助学岗位的设立意义深远。它恰似长夜下的明灯萤火，照亮了莘莘学子的求学征程；好若阳春里的徐风斜雨，润泽了象牙塔中的丛绿飞红。也是在这个资助项目的支持下，校友工作办公室（简称校友办）得以开设与校友相关的勤工助学岗位，让学生成为最年轻的“农小友”（校友工作者的简称），在与校友产生联结的同时，透过校友审视自己未来的方向，提升个人综合素质，也为传承农大精神，缔结与母校的“农情”创造有利条件。

每年的校庆日活动都是校友办组织的一项重大活动，这些最年轻的“农小友”的共同参与，让他们从中感受学校的归属感与荣誉感，也让他们明白，他们不是局外人，他们是未来校友，学校的发展和他们紧密相连。

2016 年，当时还有些懵懂稚嫩、还在从高中生到大学生“切换期”的食工 162 班李昌辉同学，通过勤工助学应聘到了校友办。初来的他略显沉默，但做起事来相当麻利、吃苦耐劳。在校友办的勤工助学岗位上整整工作四年后，他同时从食品学院和校友办“毕业”了：保送硕士研究生并成为一名“2＋X”学生辅导员，从受育者转变成育人者。校友办主任骆璁在回忆时动情地说道：“2021年10月16日校庆日的那个凌晨，受邀参与新华网‘大学系列·中国农业大学，生日快乐！’文案撰写的昌辉，为了一处急需突破的内容修改方案，彻夜无眠。我由于实在熬不住了，打了几个小时的盹儿，醒来惊喜地看到昌辉的留言‘骆老师，想到办法了！可以解决了！’几个小时后，团队所有成员奋斗近一月的成果，在新华网刊出了。兴奋之余，他说：‘这个凌晨，让我想起了2019年10月16日的那个凌晨，当时校友办所有老师和我们学生一起组成‘流水线’为校友装‘校友礼包’，我记得特别清楚，装完离开六号楼，正好是凌晨三点半。那个夜晚我永远不会忘记，也正是有了那样的夜晚，今天这个夜晚我才能充满斗志！”四年的勤工助学经历让昌辉收获良多，可见一斑。

在勤工助学实践中获得培养、获得锻炼的，不仅仅是昌辉一位同学，还有负责稼缘社区、校友网运营的杜苁蓉，负责校报邮寄、校友卡申请的李悦、许宝平，负责数据整理、活动实施的宋俊萍，以及那些现在在岗的学生，接续陪伴成长的张丹妮、苟佳毓、吕振杰、吕明阳等。校友工作重要又琐碎，既需要足够的细心、耐心，又需要一定的沟通能力。也许，在初到校友办的时候，同学们不一定都具备所需要的全部素质，但是提供平台、创造让学生成长的条件不正是每位农大教师正在做的事情吗？因材施教，根据学生的特点，妥善安排学生的位置和工作，针对性地提升他们的短板，提高他们的综合素质，这应该比补助对他们的影响更加深远。已是政府机关公务人员的李悦，回忆自己的这段勤工助学工作时，肯定地说自己实现了参与勤工助学岗位的最初愿望“改善性格、提升能力”。在这段邮寄校报、校友卡的经历中，她一次次与校友们进行沟通，并核实信息、商榷交接渠道，自身的各项素质能力得到了大大的提升，也因此明白了工作背后的付出，学会品味工作带给她的成就感、满足感，让她在现在的工作中更加得心应手。

校友办联结着母校和校友，凝聚共识、同心共荣，是每位校友温暖的港湾。“今天的在校生是明天的校友”，这是每位校友工作者的共识，也决定着在与学生“交往”中，除了为人师的传道授业，还应站在人文角度，关心学生的情感感受、心智成长。每一次的“交往”、每一次共同工作是情，每一句关心是情，每次见面的微笑是情，每次道声“老师下次见”也是情，相处中共铸的这段师生情，对老师、学生而言都同样弥足珍贵。还记得，曾经与杜苁蓉谈起她最难忘的事，她说自己最难忘的便是与校友办的老师们为了办好每一场活动、对接好每一位校友而忘我工作，甚至和老师们奋战到深夜，这种亦师亦友的“革命感情”对她来说是最为宝贵的财富，让她的校友情怀愈发深沉，也鞭策指引着她永不言弃、执着前行。

在校友办这个温暖的大家庭中，每一位勤工助学的学生都在这里释放着光彩，磨砺着自己，留下了独一无二的奋斗故事，甚至于2019年校庆日的“凌晨3点半”，还成为这支由勤工助学同学们组成的“农小友”团队的一个“梗”或者说一种文化——如果谁没有曾在六号楼奋战到凌晨3点半的经历，那么他（她）的助管生涯一定是“不完整的”！

从这些故事中，我们不难看到青春的熠熠生辉，也不难看到他们的真诚、勤奋、坚持和勇敢。在他们的人生旅途中，幸得短暂陪伴，能够帮助其获得更好的生活，成就未来可期的自我。我们目送着学生们离去，不舍之情浓郁，但我们很放心，因为他们已久经磨砺，修炼了品行，增长了本领，可以带着这段勤工助学的宝贵经历勇敢前行。

愿其未来一帆风顺，待小树长大，随风自信摇曳，在自己热爱的土地上稳稳扎根之时，我们再如期团聚，道一声：

欢迎回家，亲爱的校友们！

润物无声

韩静雯

学院勤工助学管理工作是我身为一名“新新辅导员”所接触的第一份工作。2022 年 4 月进入资环学院报到实习时，和我交接的欧老师就耐心地给我讲解了学生助管的管理和劳务发放事项，还指导我上手做了春季学生资助资金核算。欧老师尤其提醒了资助资金专款专用，资金发放切记不可马虎。我也是第一次认识到了勤工助学统一管理的必要性和资助资金的重要性。

7 月毕业入职，学院正式给我分配了学生资助方面的工作，其中，勤工助学是一项主要的任务。虽然学生在学校里勤工助学的收入可能会低于校外实习或家教的工资水平，但在校内工作不涉及交通的问题，时间方便，还能兼顾学业，也避免了在校外上当受骗的可能，尤其是在当前非必要不出校的疫情防控政策下，勤工助学更成为许多困难学生的首选。九月份，我第一次主办了学院助管的招募和面试工作，看到同学们的报名热情，我内心也深感此项工作意义重大。勤工助学不仅是学生资助的项目之一，更是激励学生自助、“扶困”与“扶志”结合的重要工作，承担着培养受助学生自立自强的责任。

为了充分发挥勤工助学的资助育人作用，我们很少给学生安排端茶倒水、打扫卫生之类的纯粹的体力劳动，但也不能给学生安排太繁重太有难度的任务，因为学生来做助管一般都是一上午或一下午，要考虑尽量不让学生把工作带出办公室，以免影响他们的正常学习和生活。既不能太简单，又不能让学生有负担，以育人为导向，以培养为目的，这是我们需要把握的度。这个度把握好了，勤工助学就会产生许多明显的成效。

一、勤工助学能培养学生的综合能力

记得当我把问卷星的结果表格发给助管小李同学，让他帮助我匹配整理时，小李有些手足无措，于是我教他学习 VLOOKUP 函数。小李说大学三年来自己从没有遇到过需要匹配如此大量数据的时候，今天才发现这个神奇的函数，感觉很有用。

除了这些办公软件的技能外，还有推送、海报等的制作，都是从当初我们手把手教学，到现在我们给出内容，助管就可以独立进行推送或排版。我们也经常会有需要助管去别的办公室，甚至别的学院、学校部门去取送材料的时候，这会大大增加助管和其他老师——尤其是不认识的老师沟通的机会。怎么把话说明白、把事情办妥，其实很考验这些多少有些“社恐”的年轻人。但是俗话说“一回生两回熟”，通过锻炼，学生们的社交礼仪和情商都有了提升，现在和不认识的老师沟通时，既不怯场，也礼貌有加。

在学院就业办公室担任研究生助管的小崔同学，协助参与了就业和奖学金评定等工作，又在办公室老师的推荐下报名了农业外事外交课程……两年的勤工助学，让她的个人综合素质提高了不少。小崔说硕士毕业后也想从事高校行政工作，做一名高校辅导员。勤工助学的经历对她来讲不仅是一笔宝贵的财富，也是开启她选择就业方向、步入未来发展大门的钥匙。

二、勤工助学是我们了解学生的主要渠道之一

办公室氛围并不是死气沉沉的，我们也时常和学生助管聊天，有时候寥寥几句就可以获得有用的信息，比如学生们最近忙不忙、忙什么，对要举办的活动有什么想法，最近普遍有什么困难和需要，甚至可以知道学生间一些宿舍矛盾和感情“八卦”，这些信息都能增进我们对学生的了解，方便我们更好地开展学生工作。有时候我们也会将勤工助学与心理育人相结合，鼓励一些心理异常的学生来做助管。这样做一是能更及时地关注这些同学的心理动态；二是能让学生在空闲时间有事可做，少一些忧思；三是促进学生在和老师相处的过程中树立健康的人生观、价值观和世界观。

三、勤工助学能让学生更理解老师

很多时候，老师对学生的了解是单向的，学生很难知道他的辅导员每天都在忙什么，比如有大一新生会以为辅导员只是在有学生活动的时候才忙前忙后，不出现在学生面前时便很悠闲。而勤工助学提供给学生进办公室的机会，他们能切身感受到老师们各种各样的工作，如出入校审批、常规事务工作、开会、解决突发问题、和学生谈话、策划活动、替学生申请消除健康宝弹窗等，这些工作或琐碎、或重大。现在，助管同学即使在非勤工助学时间，偶尔也会充当老师们的“小小代言人”，如跟同学们说“好像老师今天上午有个重要的会，可能无法及时回消息”，或者“这些事我来告诉你怎么解决，你就别去麻烦辅导员啦”。

勤工助学的积极作用和正面影响是毋庸置疑的，而且也有温度、有深度、有热度。每当学生说接下来因为学业繁忙、驻扎小院等理由需要退出勤工助学时，都带着很失落的语气，我相信，对他们来说，勤工助学也一定是一段难忘的经历。其实我们又何尝不是把每一位学生助管当成自己的小朋友呢？对我来说，勤工助学像一根纽带，联结着学校与学院、教师与学生，也像春雨一样，于无声处滋润师生的心田。

作者简介

韩静雯，女，资源与环境学院辅导员

锻炼自我，磨炼意志

王新锋

不久前一篇清华学子撰写的文章“在树洞里”刷屏朋友圈，他讲述了自己从一个困难的家庭入学到北京，通过自己的学业奖学金和勤工助学的钱来度过清贫的大学生活。看到他洋洋洒洒数千字的文章，我还是很羡慕他的，同时我对这样的大学生活也深有体会。

与他不同的是，我是2007年在郑州的河南农业大学读的本科。我来自农村，家庭条件很一般，勤劳的父母每年会给我1万元的学杂费和生活费。钱虽然不多，但是相比班里一些同学还是很好的。交完4 800元的学费和住宿费，揣着剩下的5 200元，意味着我不需要像来自黄泛区（黄河发大水淹没区）的同学一样发愁当年的伙食费从哪里借。记得那时候，我的成绩很一般，所以我一直想从各个方面来改变自己、实现突破，希望自己总有一天能够驰骋商场，或者收获大家的敬仰，同时获得自己的收入。为此，我尝试过发传单、卖报纸、洗盘子、宿舍值班等。是的，你没猜错，这些无聊的重复的工作每工时5元。这些低劳动报酬的工作总是让我反省自己——“哎呀，为了挣 15 元钱，今天下午的 3 个小时又浪费掉了。要是用这些时间把数学题啃透，之后的考试和前途会更好吧”。我有时会想，如果我那时候能够对数学有痴迷的劲头，可能十几年后的现在会多一名大学数学老师或者数学专家。

在这些勤工助学的工作中，最让我开心的是在宿舍值班，因为可以看书。常常是带过去的书我还没有看完，3 个小时就过去了。而且宿管大叔有时候也会热心地留我陪他一起吃饭，他煮的大米汤让我有了一点点家的感觉。也许是因为我们那个时代的人崇拜李阳和他的疯狂英语，我和不少小伙伴都会早上 7 点左右跑到学校的水塘边上大声朗读英语（因为晚点就会有人把最好的位子给占了）。或许外国人都听不懂我的口音，但是我却幸运地考过了四六级，后来还获得英语课程的免考资格。

之后我有幸来到中国农业大学读博士，看到整洁的实验室和敞亮的空调屋，我真的受宠若惊，心里感慨全国第一农业学府果然有硬件实力。可能有很多人不知道当年我们郑州的同学都怎么度过夏夜——夏天的晚上路过操场时总会见到一些带着凉席、被褥和帐篷去操场的同学。我跟他们一样，都不希望夏夜有雨，他们会觉得半夜扛着东西回宿舍麻烦，我会想到地里的西瓜、小麦、桃子别被砸坏。后来当我听说有武汉的同学在夏夜里睡楼顶和过道，我总算释怀了，有好兄弟陪着一起扛过难熬的夏天也是很幸福的事情。可不久又听说武汉大学也安装了空调，没有继续“有难同当”的好兄弟了。再后来，跟很多农大学子一样，我也开始注意我们学校独创的“科技小院”——科技助农模式，很羡慕那边的学生与老师，便也想去村里住几天。去了以后才发现，农村的冬天不是开空调就可以完美度过的。到冬天水管上冻后，住小院的人，喝水都成了问题。我有些明白为什么北方人大多直来直去的了，可能与北方冬天那种直来直去的冷有关。我也有些明白为什么在冬天北方城市需要暖气，北方农村需要烧煤炭、天然气、秸秆、木头等取暖。回过头想想中国农大校训“解民生之多艰，育天下之英才”，真是一句至理名言。如果我们农大的师生都不了解百姓的疾苦，又如何能帮助百姓解决他们的忧愁呢？

如今我加入中国农业大学，负责维护农建实验室的安全与整洁，从一名曾经直接享受结果的学生转变为提供服务帮助的老师，管理模式和方法也在学习和优化。刚开始时，也是“小白”的我，跟同学一起整理归纳实验室的物品和打扫卫生。有个同学问我：“老师，作为实验室的管理岗，不应该很轻松吗？为啥要这么拼？”我说，你感觉我用功，可能是因为你来实验室后，我们一起干活，你能看到和感受到。你大概没见过其他从事科研工作的老师在努力做学术研究，行政办公的老师也是经常加班，他们一年到头也没休息多少天。很多行业都需要 10 年甚至更长的时间去拼搏，不努力打好基础，如何厚积薄发？

作为农大一名普通的教辅人员，我有义务和责任为师生提供良好且安全的科研环境。来实验室帮忙的每位同学，都可以跟我分享他的课业生活、压力、开心与烦恼等。除了锻炼体力、磨炼毅力、增强实验兴趣外，我建议他们可以尝试优化自己的目标，更好地规划自己的人生。勤工助学，勤于工，助于学；勤于手脚，助于理想。殷切希望同学们可以利用学校的资源为你的人生道路添砖加瓦。

作者简介

王新锋，男，水利与土木工程学院实验师

助学筑梦，助人育人

——以工学院为例

◈ 王松杰

寒风萧瑟，挡不住大家的热情；夏日炎炎，抵不住大家的脚步。白皙的脸庞流淌着汗珠，幸福的微笑挂在嘴角。工学院勤工助学的学生始终践行吃苦耐劳、艰苦奋斗的精神品质，穿梭于学院党政科室和实验室之间，以积极饱满的状态迎接勤工助学工作。

工学院始终将资助育人作为中心工作之一，多措并举实现“资助”与“育人”的有机结合。在解决学生经济需要的同时，加强对勤工助学学生的思想教育，落实立德树人根本任务，提升受助学生的综合素质，将劳动教育、感恩教育、能力培养贯穿勤工助学全过程，发挥资助育人实效。

一、传递积极思想，塑造优秀品质

天行健，君子以自强不息。精神对于一个人未来的发展非常重要。

工学院努力培养学生热爱劳动、自强不息、创新创业的奋斗精神，各科室老师在日常工作中不断加深对学生的了解，以谈心谈话、日常交流提升学生自信心，以工作指导提高学生责任心，以实际经验激发学生进取心。勤工助学不仅能够让学生明白劳动获得报酬的道理，也能培养学生观察问题、发现问题、分析问题的能力，引导学生树立正确的世界观、人生观、价值观，对其长远的人生道路产生影响。

二、开展感恩教育，引导回馈社会

落其实者思其树，饮其流者怀其源。依托学校、学院提供的勤工助学岗位，学生解决了经济需要，缓解了生活压力，同时也会饮水思源，常怀感恩心。工学院对勤工助学学生、家庭经济困难学生开展感恩教育、理想信念教育，引导学生牢记国家、学校恩情，以感恩之心服务社会，报效国家。例如，开展“绿色书籍循环”活动，为学院学生节省支出，响应国家节能减排号召；组织文岗小学在线云辅导活动，发挥自身优势，爱心助力贫困儿童成长成才；参与疫情防控工作，永葆奉献精神，切身感受幸福生活的来之不易。

三、注重能力培养，弘扬工匠精神

君子忧道不忧贫。解决经济压力是现实需要，能力提升则是勤工助学的关键。经济困难在一定程度上限制自我提升，精神贫穷也会制约自我发展。工学院勤工学子在管理部门岗位上锻炼了语言组织能力、沟通协调能力，学会了办公软件、影音软件；在实验室岗位上以实际操作理解专业知识，以极致用心体会工匠精神。学院勤工助学的工作内容是多方面、多种类的，工作方法是综合的、标准的，工作态度是积极的、饱满的。学院勤工助学的学生在日常工作的实践中锻炼能力，在点滴细节的处理中提高水平，在简单工作的重复中磨炼耐性，不断提高自身核心竞争力。

随着全国大学毕业生总量的持续增长，“内卷”在青年学生群体中广为流传，对经济困难学生而言发展压力亦与日俱增。志不求易者成，事不避难者进。无论当下面临多少经济压力，脚踏实地往前走，乌云的背后是阳光，阳光的背后是彩虹！希望同学们在勤工助学工作中牢记习近平总书记的殷切嘱托，践行“知农爱农 强农兴农”的责任使命，不畏眼前挫折，不惧当下风雨，厚积薄发，自立自强，为国家三农事业发展做好充足准备，以无悔青春书写人生华章！

作者简介

王松杰，男，工学院专职辅导员

经世济民，勤工助学

——经管学院的勤工助学小故事

◈ 朱葛军　吴　琦

经管学院多年来深入开展勤工助学工作，为同学们匹配合适的岗位，提升同学们的个人能力，助力同学们的成长成才之路，有效地发挥了勤工助学的励志育人作用。

勤工助学是“大事”

经管学院勤工助学岗位根据岗位性质分为固定岗位与临时岗位两种。其中，固定岗位包括团学助管、学生事务助理、财务助管与党务助管，于每学期初面向全院同学发布招募通知；临时岗位根据临时工作项目即时招募，按照不同工作内容，每次招募的类型与人数也有所不同。2021 年，共有 81 名固定助管参与了我院团委办公室、党委办公室、教务科、财务室等的勤工助学工作以及学院重大活动。

勤工助学为学院各项事业发展奠定了坚实的基础工作保障，促进了学院工作的有序推进；同时，参与勤工助学的同学更是切身感受到老师们工作的不易。通过勤工助学，参与者们可以从管理者和学生两个角度体会工作中的点滴，进而更有效地融洽了师生关系，促进了学院和谐发展。

勤工助学中的“小事”

2020年年初，一场突如其来的新冠肺炎疫情蔓延全国，很多人投入这场抗击疫情的战斗中。学院新疆籍学生托合提主动承担起为隔离同学送餐的工作，成为我院第一位疫情期间的临时助管。

每到饭点，托合提同学就提前到达食堂，在群里询问同学们想吃什么、吃多少，然后打包好后送往他们各自所在的校医院隔离房间……聊天记录中清晰地展示了他们每日的交流：“我到食堂了，今天想吃什么呀？”“这么早！雨雪天注意安全！”……屏幕上简单而温情的话语温暖着每个人的心。冬日里北京雨雪天气不断，路滑不易行走，但他时刻想着要尽快把热的饭菜送到同学们手中！疫情无情人有情，隔离病毒不能隔离爱！

除此之外，托合提还协助学院老师开展了多项工作。学校和学院给寒假留校学生提供的口罩和肥皂等防疫物资，均由他负责发放，他得到了留校同学的由衷感谢。除此之外，他还当上了临时快递员，主动揽起了帮助大家取送快递的任务。“无论在怎样的场合、在怎样的‘斗争’中，我作为学生党员，都应在第一线发挥表率作用。我认为我做的事情不算什么，以后我还会更加努力。如果身边的人需要我的帮助，我愿意全力帮助他们。”托合提说道。

冬日寒风瑟瑟，托合提犹如一团火，温暖了身边的人。托合提用实际行动展现了新时代青年学生的责任与担当，体现了学生党员在学生群体中的先进性。如今，托合提同学即将毕业，他也将回到家乡参与基层服务工作，为家乡的“三农”事业发展奉献自己的青春力量，相信在经管学院的这段勤工助学经历会让他获益终身。

在学院的勤工助学岗位上类似这样的人物事迹还有许多，同学们都在努力工作、辛勤付出，用勤劳与汗水维护学院各项工作的井井有条，用责任与细心温暖同学们的校园生活，用细心与努力收获自身的成长与进步。感谢每一位勤工助学路上默默付出的同学，与爱相伴，并肩成长！

作者简介

朱葛军，男，经济管理学院党委副书记；吴琦，女，经济管理学院辅导员

以制度促发展

——三全育人中的勤工助学

韩　金

习近平总书记曾特别指出，在高校开展劳动教育系列活动可以促进大学生树立“劳动最光荣、劳动最崇高、劳动最伟大、劳动最美丽”的劳动观，培养大学生养成劳动意识和劳动习惯，提升大学生的劳动技能，达到劳动育人的目的和作用。勤工助学正是践行以劳育人理念，帮助学生树立正确的世界观、人生观、价值观，培养学生艰苦奋斗和自立自强的劳动精神，这在高校三全育人工作中显得尤为重要。勤工助学作为一种有效的劳动教育形式和高校开展资助育人的实践课程，能够深化新形势下大学生对于劳动的认知，升华劳动情感，增强责任意识，让同学们在实践中更能深刻体会到劳动的价值与精神。

为更好地发挥勤工助学育人功能，提高勤工助学的工作效率，增强学院勤工助学团队的战斗力，人文与发展学院成立了学院勤工助学中心，将勤工助学工作制度化、组织化，进一步提高勤工助学的三全育人功能。学院原有岗位助管助教的工作存在以下问题：工作主动性不够，未充分利用有限的工作时间；“有过无痕”，工作没有留下记录，难以评定考核；“有痕无规”，工作规范性和组织纪律性有待提升等。为改变上述状况，学院自上而下高度重视，充分讨论改革方案，从2021年春季开始筹划实施，组织了5场专题座谈会、39人次点对点谈话，开展充分的调研；7月至8月就建设方案和管理办法反复商讨、精细打磨，在4次学工会议上专门探讨；9月召开勤工助学中心启动会，充分解读勤工助学实施办法；10月筹备勤工助学中心成立大会等。至此，人文与发展学院勤工助学中心正式成立。

人文与发展学院勤工助学中心将助管、助教两项勤工助学工作方式都纳入其中，成员聘任经过严格选拔产生，经培训后上岗，主要开展形式是“定岗定责”“依岗选人”“依岗定人”，包括学生教育管理科、分团委、党建办公室、就业办公室、教务科、学院办公室、留学生服务管理中心等近十个科室提供的20多个岗位。学院通过建设勤工助学中心，以定岗定责、过程提升、能力为重、能上能下为工作抓手和评判标准，致力于打造一支专业化、素质高、能力强的学院助管助教队伍，全面提升勤工助学的育人功能，并将勤工助学中心打造成为本学院的一个特色品牌。

学院勤工助学中心成立至今（到写文章时）不到半年时间，已经完成了三次系统培训，以线上线下相结合的方式对中心成员进行文字写作、办公能力、沟通表达、管理能力等各方面的培训。其一，学院领导对中心成员进行勤工助学规范要求的统一培训，包括不断加强政治理论、政策制度、业务技能的学习，遵守纪律、服从安排、注意保密，同时要注意礼仪规范，积极主动地参与工作，统筹兼顾学业与工作，担当好两个角色，结合自身实际充分发挥能动性。其二，针对政策解读、礼仪规范、办公技能等各类专项或技能进行培训。例如，长达三小时的 Word 技能培训，让中心成员对 Word 的实际运用有了更深层次的认识与理解，纠正了其在日常使用过程中的不当操作习惯，基于软件开发者的视角为中心成员提供更标准、更专业的应用技巧，帮助他们在文稿任务、论文编辑、商务排版等各项工作中实现规范化、便捷化、高效化；再如长达两小时的 PPT 技能培训，帮助中心成员学习到精进文案和图解化展示的思维，掌握快速统一样式、快速拆分文本框等实用技能的便捷操作方法，使他们进一步感受到 PPT 蕴含的艺术性及其助力日常学习工作的实用性、重要性。通过各种培训，勤工助学中心的育人功能与工作能力提升进一步结合，逐步打造出一支专业化、素质高、能力强的学院助管队伍。

在勤工助学中心运行过程中，涌现出一大批优秀的助管，他们在提高自己工作能力的同时，积极为学院、老师和同学们服务，在服务中增长本领、在服务中陶冶情操。例如，学院学生教育管理科研究生事务助管张文静同学，寒假牺牲自己的假期时间，每天醒来就开展疫情防控数据信息统计工作，从信息发布，到信息收集，再到信息整理与上报，日复一日，每天统计学院数百名研究生的信息数据，确保没有误差，她的工作态度也受到老师和同学们的一致好评。学院办公室助管陈硕同学，坚持每天早到半小时，主动清理打扫学院办公室，让每一位来到办公室处理事务的老师和学生都能心旷神怡。除此之外，还有很多助管助教，他们在勤工助学中心的帮助下，提高了自己的各项技能，并在劳动中体验成长与收获。

人文与发展学院顺势而为，以成立勤工助学中心的方式，推动勤工助学的育人功能不断落实，压实每一份责任，打造专业化队伍，提高服务水准。未来，人文与发展学院勤工助学中心将继续深化发展，迈上新台阶！

作者简介

韩金，男，人文与发展学院专职辅导员

对我校勤工助学工作的一些思考

吴金环　郑世明　杨　潇　沈其林

勤工助学是学生资助政策体系的组成部分，是提高学生综合素质和资助家庭经济困难学生的有效途径，是增强学生劳动意识、培养自立自强精神的实践平台，是资助育人的重要载体。学校非常重视发挥勤工助学育人功能，致力于加强和规范学生勤工助学管理工作，促进勤工助学活动健康、有序开展，增强学生综合素质。经过不断的努力，我校相关工作取得了一些成效，但同时也还存在一些问题。笔者对此进行了认真思考。

一、工作措施

加强制度建设。为进一步加强和规范学生勤工助学工作，确保勤工助学发挥应有的作用，根据上级有关文件精神，结合学校实际，我校修订并印发了《中国农业大学学生勤工助学实施办法》，为勤工助学活动健康有序开展提供了制度保障。

提高酬金标准。自 2020 年 9 月起，学校提高了勤工助学酬金标准，将校内勤工助学固定岗位、临时岗位统一酬金标准为每小时 25 元，并将视社会经济发展及学校实际适时调整。据不完全了解，该标准在高校特别是北京高校中处于中上水平。

明确相应职责。党委学生工作部学生资助管理中心负责全校勤工助学的日常管理，统筹校内外勤工助学活动，引导和组织学生积极参与，指导和监督勤工助学活动；各管理服务机构、直属机构、学院等为学生勤工助学活动提供支持和保障，加强对勤工助学学生的思想教育，培养学生热爱劳动、自强不息、创新创业的奋斗精神，增强学生综合素质。

强化培训指导。召开专项培训会和交流会，加强工作指导。要求各用工单位强化育人意识，充分发挥勤工助学劳动育人、实践育人、管理育人、服务育人功能，要在“选”上下功夫，在“育”上花心血，在“管”上重实效，在“用”上助提升。

规范管理流程。勤工助学按照先设岗、后聘用的一系列程序，由各单位根据实际提出岗位需求，学校审核确定岗位，并保持基本稳定；在招聘环节中，各单位对申请勤工助学的学生进行初审选拔，将拟聘用名单报学校审核确认；各单位对聘用学生进行必要的岗前培训和安全教育，确保学生顺利完成相关工作。

强化监督检查。学校会不定期对校内勤工助学工作进行检查或抽查，每年年底对学生资助资金进行检查时也会抽查勤工助学相关资料，如发现问题，将视情节严重程度核减各单位的勤工助学岗位数量或者学院学生资助资金划拨额度。

二、工作成效

解决了学生的经济困难。学校有专门的资助资金用于勤工助学，并专款专用。通过勤工助学工作的推进，让家庭经济困难的同学都能通过一定的劳动和付出，获得经济上的收入。勤工助学酬金与学校奖助贷等其他资金，共同为困难学生解决经济上的问题，帮助其顺利完成学业。提高勤工助学酬金标准后，即使受到疫情的影响，全校 2021 年用于勤工助学的资金已经达到 450 万元。

锻炼了学生的综合能力。勤工助学岗位涉及学校各部门、各学院，包括教学科研、实验室管理、行政办公、学生工作、社团工作、后勤工作、教辅工作等各个方面。学生通过参与勤工助学，在知识拓展、职场礼仪、办公软件、思维认知、待人接物等方面都有一定提升，得到了全方位的锻炼，促进了各方面能力的增长。

获得了人际交往价值。通过勤工助学，学生走出宿舍，走向岗位，走出单纯理论，走向理论和实际的结合。在这个过程中，学生走出封闭小我，走向类似职场的环境，有助于他们结交更多的朋友，帮助他们更快实现社会化，形成健全人格。

实现了良好的育人效果。学生通过参与勤工助学，不仅开阔了视野，提升了能力，更好地促进成长成才；同时，在参与勤工助学的过程中，进一步了解了学校各方面工作的运行，更能理解学校的各项决策，进一步密切了师生关系，形成融洽的校园氛围。

三、存在的主要问题

校外勤工助学岗位少，工作范畴还相对单一。目前的勤工助学主要集中在校内开展，校外的岗位少，虽然校内岗位基本满足学生需求，但工作环境和氛围相对单一。这有一定的客观原因：一方面是反复的疫情形势限制了校外的勤工助学活动；另一方面是校外勤工助学活动确实有一定的安全风险和管理成本。但鉴于给学生创造更多校外勤工助学的机会，对于丰富学生的见识、帮助学生认识社会都有很大的帮助，还是应该对校外的勤工助学岗位进行对接、研究，形成一套切实可行的运行机制。

工作内容事务性较多，专业性、技术性不强。目前学生的勤工助学岗位还有不少事务性工作，有一部分学生限于盖章、复印、送材料、打扫卫生等简单重复性工作，专业性和技术性较弱。个别岗位老师因为对勤工助学认识不足、时间精力不够、育人意识不足等原因也缺乏相应的指导，部分同学得到的锻炼有限。

考核评价体系不够完善、指导不足。当前，各用工单位的勤工助学工作主要通过学生的出勤情况完成每月考核后申报相应劳动报酬，未能对其工作进行全面评价考核，个别单位存在形式性地填写评价结果的现象。学校层面尚未形成完善的考核制度，统一指导和规范不足，导致各用人单位考核方式参差不齐，不能对学生工作进行合理有效的评价，在一定程度上使整体育人效果发挥受到影响。

四、后续工作的考虑

持续加强规范管理。进一步加强管理监督，提高对勤工助学工作重要性的认识，必要的时候面向各学院、各部门开展勤工助学工作专项检查，重点检查勤工助学实施办法的落实情况，如定岗是否符合要求，有关程序是否规范，是否开展岗前培训，考勤表是否完整齐全，有无虚报工时情况，是否将志愿服务计入勤工助学，育人效果如何等。

积极开发多元岗位。在疫情等客观形势允许的情况下，加强与校外企业的联动，积极拓展校外勤工助学岗位；校内结合勤工助学岗位特点和学生个人发展需求，丰富勤工助学岗位工作内容，加强学生岗位间流动，适时调整工作岗位、工作内容等，更加多元化地锻炼学生综合能力。

健全考核评价机制。在探索对在勤工助学活动中表现突出的学生和育人作用发挥有效的单位进行表彰奖励的基础上，需要逐步建立健全一套科学、完整的勤工助学育人工作评估考核体系，以进一步做好勤工助学工作，实现育人这个最终目标向纵深发展。

勤工助学工作是春风化雨、潜心育人的过程，也是以心换心、充满着爱的过程，需要遵循学生发展成才的规律，瞄准大方向，多下细功夫，搭建更多的发展平台，创造良好的成才环境，激励引导受助学生学有所长、全面发展，不断促进学校人才培养质量的提高。

作者简介

吴金环，女，党委学生工作部副部长、学生资助管理中心主任；郑世明，男，党委学生工作部、学生资助管理中心职员；杨潇，女，“2+2”辅导员；沈其林，男，党委学生工作部、学生资助管理中心职员

资助暖人心

——勤工助学助力学子成长

田丽梅

作为一名资助辅导员，我深刻地体会到勤工助学充分发挥着资助育人功能，是教育引导广大学生勤奋学习、积极进取、励志成才的有效举措。学校及各学院创造一定条件，提供适当的勤工助学岗位，让学生在求学期间通过劳动获取报酬，这不仅是资助家庭经济困难学生的有效途径，而且也与大学生的自立成才愿望相契合，在促进大学生的成长方面有着特殊作用。

随着高校教育体制的改革、素质教育的全面发展，学生在大学期间也应具备更多的技能，使综合能力得到全面提升。勤工助学为学生提供了一个展现自我、锻炼能力的平台，从勤工助学工作的起点，准备申请材料、参加面试选拔就是对学生综合素质的考核和检验；在勤工助学的岗位中，更会提升和增强学生的沟通表达能力、时间管理能力以及办公技能等。

我从事资助工作已经两年，在勤工助学工作中，遇到了诸多勤奋努力、积极向上的学生，张宇豪就是其中之一，该同学现已保研至武汉大学。在大一期间他就曾参加勤工助学，工作内容是在学校就业创业办公室编辑就业创业相关的推送。在减轻经济压力的同时，他学到了很多技能和就业相关的信息，也对自己的职业发展方向有了更清晰的认识。作为一名受到国家和学校资助的学生，该同学心怀感恩，积极进取。2021年春季学期，学校招募学生资助宣传大使时，他积极响应报名。在此期间，他还担任了我的助管。他认为通过推送和知识竞答的方式让同学们了解学校及国家的相关资助政策，对于本科生来说是很有必要的，并在学院的资助宣传平台做了相关推送，为同学们提供了力所能及的帮助。张若妍同学，曾连续两年获得国家奖学金，以专业第一的成绩保送至上海交通大学。她认为学生除了把学习抓好，还应尽可能参与到各项实践事务中去。因为受疫情影响，很多校外的活动都无法开展，而校内设置的勤工助学岗位恰好能满足她做实事的愿望，于是她同时担任学院的资助助管和学生资助宣传大使。她认为勤工助学工作丰富了她的大学经历，锻炼了她的人际交往、时间管理能力，为大学生活增添了别样的色彩。由此可见，勤工助学为同学们提供了经济自立的机会、锻炼能力的平台，在一定程度上能够促使学生了解社会、拓宽视野，增强他们适应社会的能力；使他们看到自己理论知识和实践能力之间的差距，促进他们提高自身综合素质，是“扶困”“扶智”“扶志”的有效途径。

作者简介

田丽梅，女，园艺学院“2+2”辅导员

勤工助学

——一场跨越百年的青春对话

◈ 尹　蛟

在党史学习教育中，一堂讲述长辛店留法勤工俭学旧址红色故事的微党课，引起了我的注意。这堂微党课的主讲人是科技小院2019级党支部书记郭彬，他介绍了百年前进步学生在这里向工人学习生产技能，同时向工人传播国内外先进思想，并与劳工结下深厚情谊的故事，也激发了我对勤工助学工作的思考。

在某一次学生助管面试会后，几位同事就“优先选择家庭经济困难的学生，还是优先选择胜任能力更强的学生”展开了讨论。这次讨论中，我们首先明确，勤工助学是学生资助体系的重要组成部分，落实“扶困优先”原则就是落实国家推进教育公平的相关政策。在一定程度上讲，有的同学在面试过程中语言表达不够自信、工作能力不够突出，本身就可能与其家庭经济困难有关。因此，以勤工助学推进教育公平，不仅是物质帮助方面的公平，也包含了锻炼机会方面的公平。

此时，第二个问题便摆在了我们面前。家庭经济困难学生在选择参与勤工助学时，本身就带着增长能力本领的期待，而不同的岗位却对学生的能力素质提出了不同的要求。“岗前通用培训 + 岗中对口培训”的方式，则得到了参与勤工助学师生双方的一致肯定。Excel 使用、通知公告撰写、新闻写作摄影等办公技能培训，提升了学生的岗位胜任力和未来的就业竞争力；电话接听礼仪、值班交接登记等看似琐碎的事项，则在潜移默化中引导学生学会换位思考、积极沟通协调。

然而，实际工作中还会出现更多个性化的情况：有的老师在学生助管工作中出现明显不足时不敢批评，有的老师在学生对待工作以机械重复为主而缺乏思考时不善引导。这些问题初显时仿佛无伤大雅，深究时则会发现，一位老师从设置勤工助学岗位开始，就是为学生搭建了一个试错成本最低的成长平台。直面问题、敢于批评、善于引导，就是勤工助学工作发挥育人功能的一个具体体现。依托勤工助学岗位，加强对家庭经济困难学生的人文关怀、深度辅导乃至价值塑造，就是落实立德树人根本任务的具体做法。

在这些思考和实践中，不少参与勤工助学的学生取得了一个又一个阶段性进步。在勤工助学岗位老师的关心和引导下，少数民族预科班的李纪凯卸下对自己的怀疑，以良好的状态参加少数民族骨干免试推荐研究生选拔并顺利通过；腼腆内向的聂伟豪沉下心分析了自己的兴趣和特长，尝试加入“京硒子”创业团队，并和团队共同获得了学校“兴农杯”创业大赛一等奖；文章开头提到的学生党支书郭彬，通过在贵州毕节建设刺梨科技小院，更加明确了自己的职业理想，在毕业之际选择担任基层选调生，继续强农兴农之路。

勤工助学是提高学生综合素质和资助家庭经济困难学生的有效途径，是实现全程育人、全方位育人的有效平台，有利于对学生热爱劳动、自强不息、创新创业的奋斗精神的培养。总结来说，以物质帮助推进教育公平，以道德浸润培育为民情怀，以能力拓展促进创新创业，以精神激励助力人生出彩，形成“解困—育人—成才—回馈”的良性循环，教育引导青年学生特别是家庭经济困难学生，与百年前在长辛店勤工俭学的革命先辈“隔空对话”，在奋斗和奉献中跑出当代青年的最好成绩。这便是我们组织开展勤工助学活动的初心和使命所在。

作者简介

尹峧，女，资源与环境学院党委副书记兼副院长